"胡峄阳传说"
国家级非物质文化遗产

胡峄阳文化研究

欺而不欺，乱而不乱，居之唯崂山最稳；
儒也为儒，仙也为仙，精神与墨水同长。
——〔清〕胡峄阳

韩万青 ◎ 主编

天津出版传媒集团

天津古籍出版社

图书在版编目（CIP）数据

胡峄阳文化研究 / 韩万青主编． -- 天津：天津古籍出版社，2024.11. -- ISBN 978-7-5528-1514-6

Ⅰ．K825.41

中国国家版本馆CIP数据核字第2024XD2244号

胡峄阳文化研究
HU YIYANG WENHUA YANJIU

韩万青/主编

出　　版	天津古籍出版社
出版人	张　玮
地　　址	天津市和平区西康路35号康岳大厦
邮政编码	300051
邮购电话	（022）23517902
责任编辑	门　辉
封面设计	刘世洁
印　　刷	潍坊印之源文化发展有限公司
经　　销	新华书店
开　　本	1092毫米×787毫米 1/16
印　　张	11
字　　数	155千字
版次印次	2024年11月第1版　2024年11月第1次印刷
定　　价	168.00元

版权所有　侵权必究

图书如出现印装质量问题，请致电联系调换（022—23517902）

《胡峄阳文化研究》编辑委员会

主　任　胡孝华
副主任　胡金绪
委　员　孙世贤　刘　强　胡鲲展　胡森绪
　　　　　赵永峰　蔡永浩

主　编　韩万青
副主编　倪亚慧
编　辑　胡维文　胡孝昌　朱海燕
统　筹　刘世洁

序

青岛历史上的硕学儒士，基奠于汉。胶州庸潭治《尚书》，被誉为"胶东大儒"；皋虞王吉研《春秋》，兼通五经，父子相继，以明经行修扬名于世；侯门八代的不其伏氏，伏湛点注《诗》《书》诸典，为经学世家；郑康成避黄巾之乱，隐居于不其山下，设帐授徒，遍注群经，称百世师。嗣后，虽世代叠演，沧桑际变，但脉络不绝的，是汉代诸儒延传下来的治学精神和用世教化。

延至明清，青岛地区世族纷起，簪缨迭出，在学问上，虽无庸潭王吉之锦章，却也薪尽火传，文华斐然。清初，禁锢文字，学人士子亦步亦趋，或潜心于故纸旧章，或优游于山水林泉，未敢逾越雷池一步。

胡峄阳先生，是清初众多善知识者之一。他生长于变革之际，遭逢于文禁之时，遂避弃功名，淡泊于世，一生教书，谆谆诲人，潜心经义，学有心得，发前人所未发，世称"峄阳先生"，今人则称其为"布衣学者"。又因他品行端洁，好解人忧，精研《周易》"事有先知"，民众往往把他当做神仙一样膜拜。旧时，信息交流传播手段不比现今，致使他的著述几近湮没，而"神仙"的称谓却默化于民众之中。2015年6月，"胡峄阳传说"被列入国家级非物质文化遗产代表性项目名录。

近三十年来，我们收集整理散落于各地博物馆、图书馆和民间的胡峄阳著作，这些书籍多以手抄本流传，见于清代的刻印本，仅嘉庆十一年（1806）《易象授蒙》一册。比较完整的是民国二十七年（1916）胡鹏昌校点的《胡峄阳先生遗书》四册。在胡峄阳遗书的序、跋中，有他的朋友、同学撰写的评介文字，应当是胡峄阳文化研究之滥觞。

2011年，上海古籍出版社出版《胡峄阳文集》一函五册，九州出版社出版《胡峄阳传说》一册。后来又有多册书籍印行。这些书籍的出版，为专家学者进行胡峄阳文化方面的研究提供了翔实资料，学者们通过对文本的研究，认为胡峄阳精神思想具有深厚的传统文化基因，与中华民族优秀传统文化一脉相承，并有其独到的见解，在一些方面，与新时代价值观和文化取向不谋而同，这也更加激发了学者们的研究热情。作为胡峄阳先生的后辈和乡人，我们对专家学者的热情投入和精心研究，报以衷心的感激之情！

胡峄阳精神文化思想的研究，是一项长期的工作。通过学者们的研究成果，提升了峄阳文化精神的品位，焕发了峄阳文化精神的蕴含。我们将不懈努力，为学者们提供更加丰富的历史和现实资料，期盼涌现出更多的研究成果，使这份身边的珍贵文化遗产接续发扬，"刚健笃实，辉光日新"。

国家级非遗代表传承人 胡孝华 谨识
2024年10月

目 录

从布衣学者到地方保护神
　　——胡峄阳传说与信仰演进轨迹探析 …………………………… 1
胡峄阳传说与青岛历史人物传说比较（发言提纲）………………… 20
胡峄阳和他的《竹庐家聐》……………………………………………… 22
明清时期儒家思想的民间渗透探析 …………………………………… 25
《竹庐家聐》的家训特点及当代价值 …………………………………… 40
平民之家宗族文化的构成及转型
　　——青岛流亭胡氏个案探究 ……………………………………… 50
文化自觉与乡村文化传承
　　——基于青岛市东流亭社区的调研 ……………………………… 61
胡峄阳《寒夜集》校点 …………………………………………………… 72
千年文脉，百年风骨
　　——写在胡峄阳先生诞辰378周年之际 ………………………… 99
从胡峄阳家训看清初青岛之社会文化 ………………………………… 109
胡峄阳《易象授蒙》整理的思考 ………………………………………… 116
一代先哲胡峄阳 ………………………………………………………… 118
胡峄阳年谱 ……………………………………………………………… 139
胡峄阳传说与非遗保护 ………………………………………………… 151

从布衣学者到地方保护神
——胡峄阳传说与信仰演进轨迹探析

郭泮溪

【摘要】 自清代以来流传于胶东半岛南部一带的胡峄阳传说，是寓崇拜于传说之中的叙事。胡峄阳传说是胡峄阳信仰在民间得以广为流传的重要保证，而支撑胡峄阳传说得以流传发展的基础则是社会底层民众对胡峄阳的由衷崇拜。胡峄阳最终能成为一名地方保护神，是由"人"到"神"不断加工丰富演进的结果。对这一个案进行研究，有助于探讨民间知识分子在其演进为"神"的过程中民间传说与民间信仰之间的互动，以及历史上社会底层民众的选择在造神过程中所起的作用。

【关键词】 胡峄阳；传说与信仰；演进；祭祀仪式；地方保护神

一介布衣能够成为某一族群或某一地域的保护神，是由"人"到"神"不断加工丰富演进的结果。在其演进过程中，民间传说与民间信仰之间互为作用、互为表里。这类民间传说的主要特色是寓崇拜于传说之中的神圣叙事。自清代以来流传于胶东半岛南部一带的胡峄阳传说及其信仰，以及布衣学者胡峄阳最终被底层民众选择为地方保护神，便是一例值得研究的个案。

一、亦儒亦仙胡峄阳：精研《周易》料事如神的布衣学者

在今天青岛市城阳区流亭街道东流亭社区胡峄阳祠堂中，挂着一幅颇

有知名度的对联："欷而不欷，乱而不乱，唯居之崂山最稳；儒也为儒，仙也为仙，精神与墨水同长。"此联是亦儒亦仙的清初布衣学者胡峄阳辞世之后，由当地文人高度概括他传奇一生而撰写的名联。

胡峄阳，名良桐，后更名翔瀛，字峄阳，号云屿处士，生于明崇祯十二年（1639），殁于清康熙五十七年（1718），清代莱州府即墨县仁化乡流亭村（今青岛市城阳区流亭街道办事处东流亭社区）人。胡峄阳出生于耕读之家，其曾祖父是明万历年间庠生，曾当过县里的小官吏（典史）；其父亲胡际泰继承耕读传家的传统，从事农桑之余诗书不离手，因家贫无力功名之事，但对儿子胡峄阳却寄予厚望，他"以桐木为凤凰栖居之吉木，峰山之阳盛产桐木，古有'峄阳古桐'之意蕴，为儿子取名良桐，择字峄阳。"① 据清乾隆《即墨县志》记载，胡峄阳"生有异禀"②，在家塾就读时，对儒家的经书已有深解。清顺治十二年（1655），16岁的胡峄阳应童子试，当通过即墨县初试赴莱州府参加复试之时，"搜检人逼令开襟，先生拂袖出曰：'执事为国求贤，奈何窃盗相视？'遂终身布衣，其风骨如此。"（清同治十二年刻本《即墨县志》卷十二《杂稽》）胡峄阳从莱州府罢考返乡以后，避居山林攻读，来到了藏书甚多的崂山千年古刹慧炬院潜心研读程朱理学及《易经》。后来因其父母相继离世，家境愈加贫困，已经成家的胡峄阳便先后在流亭、洼里、即墨城南关等地设馆授徒，当了一名"传道授业解惑"的私塾先生，靠微薄的收入养家糊口。这期间，安于清贫的胡峄阳在授经课徒之余继续对程朱理学和《易经》进行研究。清乾隆《即墨县志》载：胡峄阳"精研《周易》，于濂洛之学别有微契。家甚贫，一介不苟取，蓬室瓮牖，悠然自适。雅工制艺，视进取之途泊如也"③。他曾经自赋诗云："我能耕，田何有？我能读，书在手。有书可读堪白首，笑语山妻解此否？君无负，柳溪柳。"④ 他在《偶成》诗中吟道："天机日日出，梅雪发清评。云去山还在，风来波自生。幽

---

① 刘世洁. 峄阳先生传略 [A] 胡峄阳. 竹庐家聒 [M]. 上海：上海古籍出版社，2011：45-46.
② 即墨县志（清乾隆二十八年刻本）[M]. 北京：中国和平出版社，2005：179.
③ 即墨县志（清乾隆二十八年刻本）[M]. 北京：中国和平出版社，2005：179.
④ 胡孝华，胡保恩. 流亭胡氏家乘（内部印刷本）[M]. 2008：84.

林知鸟乐，细雨解花明。独坐小窗里，高怀识物情。"① 他做学问喜独辟蹊径，多发前人之未发，撰写了《解指蒙图说》《竹庐家聒》等著述。清康熙二十年（1681），"即墨县令高上达主持修筑城外淮涉河（今墨水河）坝堤，在城西南隅河水直冲城墙堤段，由胡峄阳考察水文，并设计一洞龛，龛内安镇水铁兽一尊……又在沿河大坝遍砌条石，加固堤坝，水患永除，两岸百姓再无水淹之忧。后来流传的胡峄阳预测洪水，为民消灾的传说，盖源于此"②。因胡峄阳结合天文地理、人间万象探究《易经》，其推测的天道人事多有灵验，遂在即墨县及其周边地区民间产生了较大的影响，多有慕名前往请其指点者。

胡峄阳50多岁以后，不再专于塾馆授徒，经常独自一人或与同好相伴云游崂山诸峰，寻访山海胜迹。踪迹所至，随身藜杖一支，其《杖铭》诗云："山之巅兮水之滨，赖君扶持兮几度春。瑞焰灿兮忌鬼神，化为龙兮拨白云。"③ 他曾只身渡海前往鼓子洋（青岛灵山东北海中的小岛）、千里岛（又名千里岩，位于胶东半岛南侧黄海之中，距陆地最近点约50公里）游历考察、修行悟道。有时他还应宿儒名士之邀就其研究《易经》和程朱理学之所得作专题讲授，如即墨名士黄宗昌曾多次邀请胡峄阳前往崂山玉蕊楼（黄宗昌所建的即墨黄氏书院），讲授他精研《易经》之成果。当时即墨、莱阳两县的宿儒名士韩良辅、范士骥、蓝重毂、宋继澄、宋琏等经常到玉蕊楼，与胡峄阳探讨学问。与玉蕊楼一山之隔的百福庵亦藏书颇多，道长蒋清山原是明末进士出身的祥符县令，明亡后于清顺治二年来百福庵为道。蒋清山博学多才，诗书俱佳，胡峄阳闲暇时常来庵中小住，与其探讨儒道之学，互赠诗文。这期间胡峄阳撰写了《易经征实》《易象授蒙》等著述。《易经征实》是胡峄阳研究《易经》的力作，该书就《易经》六十四卦征以历代史实，溯其成败，一一罗列，发以前诸研究者未尽之旨。《易象授蒙》是胡峄阳另一部研究《易经》的力作，胡峄阳在该书"自序"中说："《周易》六十四象，皆切于日用之实，修己

---

① 胡峄阳. 胡峄阳诗选 [M]. 上海：上海古籍出版社，2011：23.
② 刘世洁. 峄阳先生传略 [A] 胡峄阳. 竹庐家聒 [M]. 上海：上海古籍出版社，2011：52-53.
③ 胡峄阳. 胡峄阳诗选 [M]. 上海：上海古籍出版社，2011：8.

治人之道，备以此洗心，以此穷理，殆约而可操矣。爰抽而编之，发以洛闽，间附所闻，以授童子，使知辨之年，学有所归。"①该书虽为课授童蒙之书，但是论述得深入浅出，颇有见地，故而赵泰临、范士骥等名士皆为此书作序，给予了高度评价。

胡峰阳60多岁以后体衰多病，但是参透"天机"的他睿智乐天，泰然处之。他在《病中即事》中吟道："主人沉疴门常关，愁煞清溪闷煞山。雪月风花皆好友，劝侬唯有任萧闲。"在《竹庐口号》中吟道："破屋时时乐天，信口杂赋诗篇。非晋非唐非宋，也儒也佛也仙。"胡峰阳79岁那年辞世，之前作《静夜吟》道："我今无用成散材，多是彼苍分付来。闲中寻出千古奥，破箇谜儿有谁猜。"②关于"也儒也佛也仙"的胡峰阳之死，清乾隆《即墨县志》说：胡峰阳"年七十余预示死期，无疾而终"③。清人周铭旗在《即墨县乡土志》中引《即墨诗抄·小传》说：胡峰阳"其殁也预知时日，端坐而逝"④。胡峰阳晚年的学术论述和随笔诗赋等多收入《柳溪碎语》《寒夜集》《胡峰阳诗选》中。

据《流亭胡氏家乘》所载，胡峰阳在世之时，已在当地民间有"活神仙"之称。胡峰阳辞世后，关于他种种神异的传说不仅盛传于民间，连地方志中也多有记载。现引录其中的两则：

灵山东北海中有鼓子洋，岛上白耐冬花，大可盈把。好事者泛海至之。遇老人驾小舟至，芒履道服，貌甚古，问："小子何往？"以实对，比曰："光非俗世间物，可留伴耐冬人耳。"又云："即墨有道学先生胡峰阳，为吾通一问询。"言已不见。其人惊疑，遂反登筏。大风忽起，弃其所获乃已。后访胡峰阳，具道其事。胡抚然曰："此三国徐庶也，隐居鼓子洋久矣。"

——（清）苏潜修《灵山卫志》卷一《舆地志·岛屿》

---

① 胡峰阳. 易象授蒙[M]. 上海：上海古籍出版社，2011.
② 胡峰阳. 胡峰阳诗选[M]. 上海：上海古籍出版社，2011：51，29，60.
③ 即墨县志（清乾隆二十八年刻本）[M]. 北京：中国和平出版社，2005：179.
④ 即墨市史志办点校. 即墨县乡土志（内部印刷本）[M]. 2011：66.

乾隆戊寅冬，海上渔者数人至流亭访胡映藜，渔者曰："日下海遇风筏随浪去一昼夜，不知几千里。忽抵一岛，岛中花盛开暖如春。有洞穴，无室庐。一石平如砥，方丈余，晒丹枣满之，枣大如鸡卵。有老人坐其旁，貌甚清古。与之语，不答。告以饥，人与一枣食之，腹果。既曰：'东南风起，可速去。'叩其姓名，老人曰：'识得流亭否？'曰：'知之。'老人曰：'吾故里也，归语胡映藜，好为人，若翁在仙岛甚乐。'众乘风返棹，翌午抵家，不觉饥也。"三日后至流亭，时先生殁四十年矣。众骇然拜木主而去。

——清同治十二年刻本《即墨县志》卷十二《杂稽》

关于"徐庶在鼓子洋托人问询胡峄阳"之说，在青岛民间历来有三国时徐庶隐居鼓子洋等海岛，以其聪明才智为渔民做好事，与胡峄阳多有来往的诸多传说。第二则中离岸"不知几千里"的海岛应是千里岛，据《流亭胡氏家乘》记载："1947年，流亭周中训老人曾登上千里岛，见过庙内供有胡峄阳牌位，香火甚盛，多为渔人所供。后人所传胡峄阳身后'驾云遽返千里岛'，盖源于此。诸多岛屿上还流传着胡峄阳'为渔人指点迷津''止风返乡'等许多传说。"[①] 由此可见，载于清代地方志中的这两则传说，是当时的修志者采撷民间口耳相传的神圣叙事用文言文语体写成的。

二、胡峄阳传说：寓崇拜于传说中的神圣叙事

一介布衣最终能成为某一族群或某一地区的保护神，是由"人"到"神"不断加工丰富演进的结果。在其演进过程中，民间传说与民间信仰之间互为作用、互为表里。这类民间传说的主要特点是寓崇拜于传说之中的神圣叙事。自古流传至今的胡峄阳传说便具有这一特点。

最早记载胡峄阳行状的文献资料见于清乾隆五年刻本《莱州府志》卷十一《人物上·隐逸》：胡翔瀛"操履端洁，邃于理学，邑人所称峄阳先生。"这位当时便被即墨人（邑人）称为"峄阳先生"的布衣学者深受人们的崇拜，

---

① 胡孝华，胡保恩. 流亭胡氏家乘（内部印刷本）[M]. 2008：87.

不论是他神奇的降生还是他"用分身法助农种豆""清泉投影使夫人怀胎""缩身穿行雨中不湿衣"等以及他"其殁也预知时日,端坐而逝"的传说,皆体现出神圣神奇的信仰色彩。

传承至今的胡峄阳传说大约有100多个(含情节内容相似的传说),流行区域主要集中在青岛市城阳区及其周边地区。2006年,城阳区东流亭和洼里两个村曾经联合对当地民间盛传的胡峄阳传说进行搜集整理,编印了《胡峄阳传说》,收入胡峄阳传说60个。2010年青岛峄阳文化传播有限公司组织力量在更大范围内,对流传于胶东半岛南部的胡峄阳传说进行搜集整理,新发现传说40余个,对原两册本《胡译阳传说》予以充实,2011年出版了《胡峄阳传说》一册本(简称2011版本),收入胡峄阳传说104个。本文以2011版本为主,结合载于《北龙口村志》《北崂村志》《流亭胡氏家乘》中的相关传说文本以及笔者近年来田野调查所记录的胡峄阳传说,综合进行分析研究。

胡峄阳降生 相传明朝末年,即墨县流亭村胡际泰家生了个儿子。那天早晨一道霞光直射村边的白沙河,映红了四周,一片片白云齐集流亭村上空,又见一朵五色云彩从东南方飘来。突然一声忽雷,一道闪电飞向胡际泰家,冲散了一团黑雾。电闪雷鸣中,胡际泰老婆生下了儿子。这时,一个道士从村东走来,直奔胡际泰家。正在门楼上挂小弓箭(生男孩标志)的胡际泰,抬头看见道士站在门前连声道喜。胡际泰心想,孩子才出生就有道士上门贺喜,是件好事,就问道士是化米还是化钱。道士说,他是特意来道喜的,这孩子是天上的星宿下凡。刚才被忽雷打散的黑雾,是妖孽作怪,想阻止星宿投生,被雷神打走了。这孩子长大后能为人师表,能救黎民百姓。说完,化作一阵清风不见了。这胡家的新生儿就是长大后教书育人、造福百姓的胡峄阳。

关于胡峄阳降生的传说,还有已成仙的童恢(东汉时不其县著名县令,不其县的治所在今城阳区)雷雨中来际泰家道喜,亲自为孩子起名"峄阳"的另一种说法。

神仙路的传说　从洼里村到流亭村有一条小路，叫神仙路。相传当年胡峄阳从洼里到流亭教书，每天早晚都要走流亭村土地庙前的东西大路，每当他经过土地庙时，土地爷总是早晨出门相迎，晚上提灯相送。相传有个好事者，不信土地爷会迎送一个教书先生，便偷偷跟在胡峄阳身后想看个究竟，竟遭到了土地爷的训斥："你等何人？敢跟在文曲星后面！"天长日久，胡峄阳见土地爷每天迎来送往很辛苦，心里过意不去便说："来往流亭，不长路程，去不必迎，归不必送。"可是土地爷是奉上天旨意行事的，每日里照旧迎送。胡峄阳没法儿，只好不再走土地庙前的大路，改从村西的地边儿往返，日子一长便走出一条小路来。说来也奇，这小路冬天不积雪，下雨天不泥泞。因为它是胡峄阳走出来的，所以人们便叫它"神仙路"。

与"神仙路的传说"类似的有关胡峄阳的神奇传说还有"魁星显灵""胡峄阳助考""胡峄阳施教""胡峄阳巧答众秀才""胡峄阳的童言""缩身穿行雨中不湿衣""胡峄阳用筛子端水""清泉投影使夫人怀胎"等。

胡峄阳避过蚂蚱　流亭这地场把蝗灾叫"过蚂蚱"。相传康熙朝有一年，听说蚂蚱快到即墨了，人心慌乱，商议着怎么才能避过这场灾难。正商议着，不知从哪儿来了一男一女来拜见胡峄阳。他俩进门就给胡峄阳磕头，说他们一大家子要从这地面路过，恳请允许借路并且供给粮草。胡峄阳一看就知道是两个蚂蚱精。他掐指一算，咱这地场非过蚂蚱不可，这是天意。他答应让蚂蚱借路，但是不准糟蹋庄稼。蚂蚱精走后，胡峄阳画了两道符，上面写：欲从此行，须遵我令，如有违犯，天理难容。叫人到村头十字路口点火烧了。第二天成群结队的蚂蚱飞来了，漫天遍野的。蚂蚱过后，树叶青草都被蚂蚱啃得精光，而青菜和庄稼囫囫囵囵的没少一个叶子，百姓都说是胡峄阳避了过蚂蚱，救了一方百姓。

胡峄阳救即墨城人　有一年，即墨县自打开春一连好几个月没下点雨，干得井底朝了天，人们只好下到井底淘井。谁知竟挖出个三条腿的蛤蟆（还有挖出其他怪物的说法）来，人们纷纷猜测要发生什么大事，不知是祸还是福，便提着三条腿蛤蟆来到胡峄阳教书的私塾。胡峄阳看后倒吸了口冷气，知道这是发大水的预兆。但是天机不敢道破,只好想法子点拨明白人,于是他对东家说有急事要马上回家。东家是个明白人,胡峄阳突然提出回家,八成与挖出的三条腿蛤蟆有关,便嘱咐赶马车送胡峄阳回家的儿子,让他千万记准了先生在路上说的话。马车出了即墨城一路朝流亭赶去,半路上遇着辆拉草料的牛车,胡峄阳大声说:赶紧往东躲躲!此后胡峄阳再也没吭一声。东家儿子回来后,如实告诉了东家。东家听后,忙叫人通知即墨城人收拾东西,赶紧往城外东边高地躲灾,特意说这是峄阳先生点拨的。果不其然,这天夜里下了场好大的雨,把即墨城淹了。幸亏胡峄阳点拨了即墨城的男女老幼。胡峄阳救即墨城人的传说,还有一些大同小异的说法。此传说在即墨、崂山、城阳一带流传很广。

在胡峄阳传说中,将近半数的是胡峄阳保护一方百姓、造福地方的各种传说,如"胡峄阳救北龙口""胡峄阳救渔民""胡峄阳救泉庄""胡峄阳救人""水淹沧州的传说""预知天机避祸端""胡峄阳避过蚂蚱""胡峄阳救卖盐人""胡峄阳杖打土匪头儿""胡峄阳驯虎""星儿石的传说""胡峄阳训蛟""鲶鱼湾的传说""崂山茶涧的传说""媳妇炕的传说""点将台的传说""药师庙的传说""胡峄阳杀鬼""胡峄阳助善惩恶""胡峄阳降恶龙""胡峄阳治狐""胡峄阳除鼠害""胡峄阳智烫鼠精""胡峄阳梦训县官""草木皆兵""河神退洪水""胡峄阳棒打国军营长""胡峄阳指路""胡峄阳行雨""胡峄阳分身助农种豆"等等。

胡峄阳分身助农种豆 有一年春天即墨久旱无雨,幸好麦收后天降甘霖,人们大喜过望,纷纷收拾农具抢墒种豆子。由于人手少,墒情急,连读私塾的学生也放假回家帮着抢种。胡峄阳家里无田地,有人便来求他帮忙种豆子,胡峄阳痛快应下了。谁来求,胡峄阳都答应去。第二天天没放亮,张三家地里有峄阳先生在拈豆种,李四家地里也有峄阳先生在拈豆种,凡是来求胡峄阳的各家地里都有峄阳先生在拈豆种。抢种完豆子后,乡亲们才猛然醒悟:原来峄阳先生深知农时不等人,他是用分身术帮着即墨人抢种豆子。

此传说在海阳民间呈现"在地化"特点,并与海阳豆子节相联系。在"海阳豆子节的来历"中海阳人如此叙述:相传有一年,离夏至还有一天,海阳县下了场透雨，老百姓纷纷抢墒种豆子。但是因人少地多，愁煞了庄户人。正在这节骨眼时候，胡峄阳来到了海阳。夏至这天早晨，海阳县每块地里都有一个老人帮着种豆子。待到豆子种完了，那老人便不见了。人们纷纷猜测老人是谁，塾馆先生笑着说：昨晚流亭胡峄阳托梦，今儿个他要用分身法帮着家家种豆子。乡亲们听后，齐刷刷跪在地上望空拜谢。此后海阳人便把每年夏至这天定为豆子节。

药师庙的传说 东北吉林有个苏杭村，村里有座药师庙，里面供着胡峄阳的塑像。相传崂山王老头和女儿女婿开了家药铺行医。王老头素与胡峄阳有交情，常得到胡峄阳给的治病良方。王老头死后，他女婿犯了事，只好带上老婆孩子闯关东去了。一天他们走到关东的一个村子，村里墙倒屋塌的，活着的人面黄肌瘦病歪歪的。王老头女婿一看村里人得的是不知名的瘟疫，想救他们却不知用什么药方管用，他便把那些良方找出来，点上香烛请胡峄阳指教。一阵清风吹过，只见一张药方飞了起来，他忙接住，赶紧照着方子采来药，熬了一锅药汤叫村里人喝下去。人们喝下药汤，睡了一宿觉全好了。人们万分感谢他夫妻俩，王老头女婿说：这药方是山东老家即墨流亭的胡峄阳仙人给的，要感谢就感谢他吧。于是人们就在村东建了座药师庙，里面塑着胡峄阳的像，日夜香火不断。

与闯关东有关的胡峄阳传说还有"关东大石桥的传说"等。

载于地方志的一些有关胡峄阳的传说，至今仍在青岛市城阳区、崂山区、即墨市等地民间流传，如"胡峄阳救渔民""徐庶问候胡峄阳""仰口湾的传说""吃一枣三日不饥的传说"等。流传于民间的此类传说多呈现"在地化"特点，如"胡峄阳救渔民"与清同治《即墨县志》中的胡峄阳海岛（千里岛）救海上渔者的情节内容极相似，但是被救的渔民是女姑村（城阳区女姑村）杨姓五兄弟，而不是《即墨县志》中籍贯不详的"海上渔者数人"。据《流亭胡氏家乘》所载："东部沿海北自莱州湾，南至连云港……几百年来，年年都有远方渔民来流亭寻仙访圣，祈求（胡峄阳）护佑。"[1] 此举与崇信胡

---

[1] 胡孝华，胡保恩主编. 流亭胡氏家乘（内部印刷本）[M]. 2008：87.

峄阳的民间传说传播分不开，同时也在一定程度促使"胡峄阳救渔民"一类传说的"在地化"。从以上择要介绍的胡峄阳传说可知，寓崇拜于传说中的神圣叙事是其明显特征，不论是胡峄阳降生（星宿投生，奇生母题）、土地爷早晚迎送（奉上天旨意）、避过蚂蚱和驯虎降恶龙等（具有超自然力）、救即墨城人（预知天机），还是他预知死期端坐而逝（得道成仙）、分身助农种豆以及千里岛救渔民等（神仙事迹）皆展示了民间神圣叙事中的崇拜色彩。应当说，胡峄阳传说中想象的真实远远大于历史的真实，但是只要相对符合胡峄阳的行状和在情理之中，在讲述者和受众心中就便认为是可信的"真实"。在许多情况下，有关胡峄阳的传说是在神圣庄严的氛围中讲述的，且往往与信仰仪式相关联。讲述者在叙述胡峄阳神奇传说时常常流露出对胡峄阳极为崇敬的神情，这与民众们在茶余饭后消遣时讲述其他传说故事的世俗叙事，存在着明显的区别。

三、胡峄阳信仰：支撑传说发展的民众信仰

胡峄阳传说是胡峄阳信仰在民间得以广为流传的重要保证，而支撑胡峄阳传说得以流传发展的基础则是民众对胡峄阳的崇拜。乌丙安曾说："检验民间信仰的性质，首先取决于民间信仰现象中的崇拜；只要有了崇拜，不论其崇拜的程度如何，就可以测定出它的民间信仰性质。"[①]与胡峄阳信仰密切相关的是古往今来以年节为主对胡峄阳进行祭祀的崇拜礼俗。在胡峄阳传说流传的胶东半岛南部，历史上存在着一个以原即墨县（今青岛市城阳区、崂山区和即墨市等地）为中心区域的胡峄阳信仰圈。

1. 流亭胡峄阳祠堂及其祭祀活动

据《流亭胡氏家乘》所载：明朝洪武年间，"流亭胡氏始祖胡仪由云南乌纱卫徙至青州矮槐树。永乐二年（1404）复自矮槐树迁至即墨流亭居住，至二世分为两支，二支居流亭，长支于流亭村东洼里立村"[②]。流亭胡氏宗

---

① 乌丙安. 中国民间信仰[M]. 上海：上海人民出版社，1996：13.
② 胡孝华，胡保恩. 流亭胡氏家乘（内部印刷本）[M]. 2008：13.

祠为胡峄阳之子胡映藜（康熙年间廪生）于乾隆八年（1743）所建。胡峄阳是流亭胡氏的第十代，被后人尊称为十世祖，因他在家族中排行老三，当地百姓多恭敬地称他为"三老爷"（胡姓人称呼）、"胡三老爷"（胡姓外的人称呼）。胡峄阳辞世后，随着胡峄阳传说传播的区域越来越大，以即墨县为中心的胶东半岛南部一带民众大多知道即墨流亭有个"神仙胡三老爷"，前来流亭胡氏宗祠（内供有胡峄阳牌位）进香的民众越来越多，原来只有三间房舍的胡氏宗祠因过于狭窄且年久待修，胡氏族人便合议将胡氏宗祠迁至后排房舍中，在原宗祠偏东处建专门供奉胡峄阳的祠堂三间，并留有较大的院落，以容纳前来进香者。清光绪三十三年（1907），胡峄阳祠堂建成后，前来进香的胡姓族人和其他姓氏百姓比以前大幅度增加，其中以每年春节期间人数最多，正月十五前后是进香祭奠的高潮。据2012年东流亭村有关人员统计，只正月十五这一天从凌晨至半夜，前来胡峄阳祠堂进香的民众就超过3万人，需要专门安排人员负责维持秩序、预防火灾发生。前来进香者除了胡姓族人以外，更多的是从城阳以及崂山、即墨等地的赶来的外姓人（包括在城阳打工不回老家过年的外省人）。

祭祀胡峄阳之举始于清中期，清末胡峄阳祠堂建成后至民国日渐兴盛（祭祀仪式已规范），"文革"期间消匿，20世纪80年代以后日渐恢复，并在原祭祀仪式中揉进了部分新内容。现依据刘世洁先生提供的文字资料介绍流亭胡峄阳祠堂每年正月十五举行的隆重祭祀仪式：

祭祀前的准备 司祭人于凌晨敞开胡峄阳祠堂大门，徐徐开启帐幔，用干净布擦拭供桌、香案和祭器。在香案上陈放胡峄阳先生所著的书籍（旧时为手抄本，后为正式刊印本，有《易象授蒙》《易经征实》《柳溪碎语》《竹庐家聒》《胡峄阳诗选》等）及未开封的新香，在供桌上摆放茶点和五品供碗（从左到右依次摆放鸡、鱼、猪头、豆腐、豆芽，其中猪头和鸡头朝上，鱼头朝东），每个供碗上放油菜（旧时用菠菜）一棵，俗称"搭碗头"。供桌左右两侧各摆放五个馒头（下面馒头三个平放，上面两个平面相对，光面相背，叠加一起形成三层），最后将香炉摆放在供桌正前方，一对插好蜡烛的蜡台摆列两侧。

供品准备颇讲究：猪头选择个大膘肥、体无疾病、无杂毛、耳朵竖直、牙齿健全、毛色一致、脸无划伤的生猪的猪头作供品。经过脱毛、过水、蒸煮以后，摆放在大瓷盘内，猪嘴朝上，寓意昂扬向上。鸡（寓意大吉大利）要选三个月大2~3斤的童子鸡，鸡的全身要毛色光亮，羽翼丰满，冠红眼睛有神，双腿健壮，足趾粗壮有力，能够腾空而起者更佳。鸡脱完毛后应全身白嫩，无残留羽毛，用清水冲洗干净整理成形，蒸熟后摆放瓷盘中。鱼（寓意年年有余）用3斤左右新鲜黄花鱼，不开肚、不去鳞，用筷子一双从鱼口插入，将筷子顺时针旋转，把鱼的内脏缠绕在筷子上拖出，再用清水冲洗干净，撒少许盐卤一下，然后将鱼身两侧裹上一层稀面糊，轻轻放入油锅内煎至金黄色，取出盛盘备用。豆腐（谐音"都福"）选白嫩略带奶油色，豆香味浓，含水量适中的上好豆腐。做供品时切取豆腐的中间部分，轻轻放入油锅内把两面煎至金黄色，取出凉透备用。豆芽（代表"金豆子"）选用本地优质大黄豆，先将豆子洗净，再用清水浸泡一天，然后将水倒出，用湿润的棉布覆盖在豆子上面，把盆放到温暖之处，每天三次用温水把豆芽菜捞一遍，捞完后将湿布盖上。一周后待豆芽长到5厘米左右长时，将其捞出放到锅里加清水煮熟，盛出撒上少许食盐，凉透备用。

茶点准备也很讲究：花生选用大个的当地上等花生，经过清洗晾晒，锅里加入滤洗过的干净河沙，用麦秸草为燃料，先用急火将河沙炒热，再用温火续热，以河沙的热量将花生烤至微黄，然后将沙子和花生一同倒入筛子里分离出花生，凉透后待用。摆供的点心选用本地优质小麦，将磨好的面粉加入适量鸡蛋和白糖做成后烤熟，其色泽金黄，香甜酥脆。苹果等水果选取圆形个大、汁多味甜、表面无疤痕划痕者。

另外搭碗头的青菜（旧时用菠菜，后改用油菜，寓意"有财"）也有讲究：油菜要挑选叶脉清晰、大小相同、叶子无残缺破损的新鲜油菜，共5棵，用热水烫过捞出，用牙签插在菜底部与供品相连。

祭祀仪式　供品等摆齐整之后，司祭人点燃蜡烛，宣读奉祀人（胡氏家族中德高望重的长者）上香。奉祀人取香三炷，在烛火上点燃后，双手举香，面对胡峄阳画像行三拜礼，然后将香栽入香炉。回转身到祠堂外上香，取香三柱，点香，面对南、东、西、北四方各拜三拜之后，将香栽入祠堂前香炉内。敬香完毕，司祭人呈上茶水、果酒，奉祀人将茶酒斟入杯盏内，在供桌前缓缓奠酒。随后回转身，到祠堂前奠酒。奠酒结束之后，奉祀人来到祠堂院子里发香火。发完香火，进入祠堂祭拜叩头，行三拜九叩之礼，此时开始点燃鞭炮礼花。随后胡氏各支依辈分依次祭拜，然后是众人开始祭拜。祭祀仪式进行过程中，严禁站在祠堂院子和大街上排队等候的人们大声喧哗和说些闲言碎语，宜神情庄重地讲一些"胡三老爷"的神奇传说，一些新的胡峄阳传说尤其吸引人。这一特定场合，是传播胡峄阳传说与信仰最有效的渠道之一。

祭祀有祭文。旧时祭文多为四言骈文，后来多为五言韵文，如2006年祭祀仪式上的《祭祖追思文》便是五言韵文："……惟祭祀我祖，命世之英豪。儒学富五车，诗书锦文照。齐家天下平，昌盛富贵报。弘扬先祖德，族人多自豪。吾族美传统，各支传家宝。仁义礼智信，晚辈忘不掉。承前启后志，先祖早教导。不分贫和富，不论官民否。凡吾血缘系，敬祖礼应到。仍恋故乡情，千里来拥抱。……时以鲜果醑，酒告慰先灵。"①

正月十六这天上午要将供品撤下，以备"享供"之用。撤下的供品被视为上通神灵的食物，不得随意丢弃，要上锅蒸煮烹饪之后由胡氏后人们分享，称之为"享供"。

除了正月十五的祭祀最隆重外，每年的除夕、正月初二晚上（即墨一带民间"送神"的日子）以及清明节、十月初一等特定日子也有隆重的祭祀活动。"每年的除夕日，是族人及乡民祭奠的高潮，场面鼎沸，纷纷请胡公回家过年，述说一年来劳作的辛苦，祈求来年风调雨顺，年景丰盈。供桌上祭品如山，祭台下人头簇拥，烟火映红旷野，鞭炮响彻天外，人流如梭，通宵达旦。初二日，则家家端来水饺供仰，恭送胡公驾返仙界……（正月十五）之后，

---

① 胡孝华，胡保恩. 流亭胡氏家乘（内部印刷本）[M]. 2008：143.

胶东沿海及周边岛屿的朝圣者联袂而至，祭礼供品应接不暇，族人轮流值班迎送宾客，临街店铺顾客盈门，生意陡增。至今，仍有远方客人四季拜谒，许多是港台同胞和海外侨胞。近几年，不少韩、日客商也慕名前来拜谒。"①另外，平时也有前往胡峄阳祠堂祭拜者（如家里有参加高考、中考学生者，在考试之前来祭拜，以求胡峄阳保佑考上心仪的学校，因民间相传胡峄阳是文曲星托身；另有求子者，也常前来祭拜）。胡峄阳祠堂有个不成文的规定，凡前来祭拜者不论穷富，一律不收所捐之钱财。

2. 其他祭祀信仰活动

历史上除了流亭胡氏宗祠和胡峄阳祠堂外，流亭胡氏其他各支多在其定居地建分支祠堂，如城阳洼里村，崂山北龙口村、北崂村，即墨泉庄村、前东城村、泉岭村都曾建有胡氏分支祠堂。除了大的祭祀活动须派员到流亭之外，特定日子和平时祭祀多在各分支祠堂来进行。有的胡氏分支祠堂规模较大，如建于乾隆十一年（1746）的崂山北龙口胡氏祠堂，有庙堂五间，飨室五间，占地逾半亩。祠堂内有香案、八仙桌、俎豆、宗谱族谱等，"殿堂东间设神台供祀十世祖胡峄阳"②。有的离流亭较近的以胡姓为主的村庄，每年春节期间多到流亭老家参加祭祀活动，如沧口板桥坊村（今属青岛市李沧区）"居民以胡姓最多……村里第一户居民是自流亭迁来的胡家九世祖……几百年来，直到'文革'前，年年春节都回老家流亭祭祖。每到除夕夜12点放了爆竹吃了饺子，各家男丁便出发去流亭胡氏祠堂'合敬堂'祭拜。家境好的抬着食盒，家境差的背上几个'过年饽饽'，一路急行，及至步行到老家天已放亮，在祠堂里祭祖后还要挨家挨户去拜年，常常到初一傍晚才能走回来"③。

胶东半岛南部一带民间，自古以来有狐仙信仰之俗，人们多称狐仙为"胡（狐）三太爷""胡（狐）仙姑"等。即墨马山、东京山以及崂山寂光洞等

---

① 胡孝华，胡保恩. 流亭胡氏家乘（内部印刷本）[M]. 2008：59.
② 青岛市崂山区北龙口村志编纂委员会. 北龙口村志[M]. 北京：方志出版社，2008：47.
③ 胡孝华，胡保恩. 流亭胡氏家乘（内部印刷本）[M]. 2008：27.

处是传说中的狐仙洞府。历史上的狐仙信仰与胡峄阳信仰两者之间本来并没有联系，但是近几十年来，随着胡峄阳信仰在民众中的影响越来越大，又加上"胡三太爷"（狐仙）与"胡三老爷"（胡峄阳）两者的称呼相差不大，遂出现了狐仙崇拜与"胡三老爷"（胡峄阳）信仰相融合的现象。如即墨马山"狐仙居中虽然供奉着胡三太爷，但胡三太爷却不是狐精。在青岛地区人们普遍接受胡三太爷是胡峄阳这一说法。"（见《庙会与乡土社会的建构——以青岛即墨马山庙会的狐仙信仰为中心》，载《青岛近代城市史论文集》）每年的即墨马山、东京山庙会期间，前来进香的人群中多有胡峄阳的崇信者。再如崂山寂光洞内有一白胡子老者彩色塑像（当地人普遍说是胡峄阳），其左右两侧则是他的两位夫人塑像（胡峄阳原配江氏继配战氏）。在寂光洞的四周，近些年来又新竖了百余通功德碑（其中不少是流亭胡氏后人所立），碑前供桌上时常摆放着时令果品等供品。这百余通功德碑上面多镌刻着"岛城灵尊 有求必应"等字样。

3. 宗族"线"与地域"面"相融的信仰圈

在胶东半岛南部一带，存在着一个以原即墨县（今青岛市城阳区、崂山区和即墨市等地）为中心区域的胡峄阳信仰圈。这一信仰圈是由流亭胡氏宗族纵向传承的"线"与胡峄阳传说横向传播区域的"面"相融而成的。由于纵向传承的胡峄阳信仰具有开放性特征，通过胡峄阳传说的神圣叙事，吸引并影响着同一区域民众崇拜胡峄阳，最终在这一区域形成了胡峄阳信仰圈。

现以《胡峄阳传说》2011版本所收入的104篇胡峄阳传说为样本进行分析：其中由胡氏族人讲述的有55篇，非胡氏族人讲述的有44篇，另有5篇没有注明讲述人的姓氏；讲述人居住地在今城阳区（以流亭街道东流亭社区和洼里社区为主）的约占53%，讲述人居住在今崂山区、即墨市、青岛市区以及海阳市等地的约占45%，由于没有注明讲述人而致使讲述人居住地不详的约占2%。虽说以2011版本为样本进行分析比较可能与实际情况之间存在着较大出入，但是仍然可以从中大体知晓胡峄阳传说与信仰传承传播的基本情况。

胡峄阳信仰在流亭胡氏宗族内的"线"形纵向传承，体现了宗族成员对本族历史上杰出人物的崇拜与敬仰；而同一区域"面"的横向传播，则主要体现了胡峄阳信仰具有地方保护神的显著特点。胡峄阳信仰之所以在胶东半岛南部民间具有较大的影响并最终形成其信仰圈，这应当与几百年间胡峄阳信仰"线"和"面"的有机相融密不可分。

四、地方保护神：从"人"到"神"演进的思考

胡峄阳经过由"人"到"神"的演进，最终成为一名地方保护神。在即墨历史上，曾经出了一批清官朝臣和饱学之士，像胡峄阳这样的布衣学者则人数更多，但是为什么人们偏偏选择胡峄阳为地方保护神呢？笔者在研读有关历史文献、地方志和田野调查的基础上进行分析思考后认为：之所以在胡峄阳身上发生这一演进并使这一演进过程得以完成，实际上这与当地的历史文化传统、胡峄阳自身的条件以及民众的造神心理需求是分不开的。

1. 地域历史文化传统

城阳区一带历史悠久，文化积淀深厚，自古便是方仙道信仰、儒家学说盛行之地，也是许多古老传说的发生地。文献记载，秦汉时设不其县，地域范围大致为今青岛市区、城阳区、崂山区和即墨市南部，治所不其城位于今天的城阳区。① 由于这一带方仙道信仰盛行，汉武帝于太始四年（前93）夏四月"幸不其，祠神人于交门宫。"还在不其城外的女姑山上修建太乙仙人祠，以方便其求仙。东汉建武六年（30），光武帝封济南伏生九世孙今文经学大家伏湛为不其侯，食邑3600户，共传八代。自此以后这一带便成为伏氏今文经学传播的重镇。东汉中平五年（188），经学大师郑玄带领门人来到不其山（今城阳区铁骑山）下筑庐讲学，遂使这一带儒学之风大盛，并由

---

① 据青岛市文物管理委员会编《青岛胜迹集粹》（1986年印刷本）介绍：秦代不其城为略呈长方形的土城，东西长约700米，南北宽约800米，城开四门，城墙高约4米。汉代不其城由外罗城和里罗城两部分构成。外罗城约为秦代不其城的4.5倍，有水门直通胶州湾。里罗城是在秦不其城基础上改建而成，城内有汉代不其侯府第和不其县官府衙门等。北齐天保七年（556）撤不其县，不其城遂废。隋开皇十六年（596）原不其县地并入即墨县。

此产生了康成书带草、篆叶楸等神奇的民间传说。东汉光和五年（182）童恢任不其县令，他为民除害、造福一方，因颇有政绩而升任丹阳太守。《后汉书·循吏传·童恢》中记载了一则关于童恢训虎的古老民间传说。南北朝以后，这一带佛寺道观和民间神祇庙宇颇多（著名的有法海寺、荆沟院、慧炬院、北斋庵、通真宫、通明宫、百福庵、大通宫、青云宫等），各种信仰在当地民间盛行。明代即墨人罗梦鸿创立罗教后，这一带也随之成为罗教无生老母信仰的流行区（城阳民间至今存有明代万历年间刻印的罗教经典"五部六册"）。另外，自明万历年间以来形成的流亭大集（即墨县著名的集市，逢一、六为集），吸引着周边十里八乡的民众纷纷前来赶集，发达的商流，密集的人流，在一定程度促进了胡峄阳传说与信仰的横向传播。总的来看，独特的地域历史文化传统，为亦儒亦仙的布衣学者胡峄阳由"人"到"神"的演进提供了条件。

2. 胡峄阳自身的条件

胡峄阳之所以最终演进成为一名地方保护神，与他自身所具备的条件密切相关。从东汉以来，受到即墨县（含当时的不其县）及其周边民众崇拜并建祠堂供奉的历史人物，一是东汉不其县令童恢（为民除害、造福一方，士民为之建童公祠，今名通真宫），二是清康熙年间即墨县令康霖生（在任二年积劳成疾而殁，士民为之建康公祠），二人皆不是本地人，而是朝廷派来的勤政爱民的父母官，虽然当地民间也有一些关于他们安境爱民的传说，但并没有像布衣学者胡峄阳那样被演化成地方保护神。另外，明清两朝即墨县五大姓（周、黄、蓝、杨、郭）里进士出身的清官朝臣和饱学之士不下数十人，当地民间也有许多关于他们事迹的种种传说，但是他们中的某某人并没有被演化成地方保护神。查阅《流亭胡氏族谱》，其中介绍十世祖胡峄阳之文不过百余字，似乎与其他胡氏先人并无很大的区别，探究身为民间知识分子的胡峄阳之所以能成为"神"，大约与他自身所具备的三方面条件有关：一是他"生有异禀，精研《周易》""年七十余预示死期，无疾而终"，这在普通民众眼里具有不同于常人的神秘感、敬畏感。二是胡峄阳是位"操履端洁，遂于理学""家甚贫，一介不苟取"的佑护当地百姓的教书先生，其学识和人格深受当地民众的尊崇。三是胡峄阳熟知天文地理，能活用深奥的《易经》义理，结合事物的发展规律对即将发生的事情进行比较准确的预测和判断，其推测的天道人事等多有灵验，他在世时已经被当地民众视为"活神仙"。何为"神"？能做常人做不了的事之人便是"神"。由于胡峄阳自身具备了以上三方面条件，便有了被演化成地方保护神的可能。

3. 民众的造神心理需求

相比较而言，民众的造神心理需求在胡峄阳由"人"到"神"的演进过程中，起到了重要推动和促成作用。在胡峄阳生活的明末清初时期，即墨一带旱灾、水灾、蝗灾以及兵祸、匪患等等时有发生，当地百姓的生存处境比较艰难，人们迫切希望能够得到冥冥之中神灵的庇护，得以预知吉凶、躲避灾祸。由于地域历史文化传统的影响，即墨一带民众的造神心理需求表现得尤为突出。生活在当地民众之中的布衣学者胡峄阳，由于他自身所具有的被演化成地方保护神的条件，民众的造神心理需求自然会选择他。在即墨一带，信仰敬奉胡峄阳的主要是那些生活在社会底层的普通民众。在众多胡峄阳传说中，胡峄阳所帮助的大都是处境艰难无助的底层百姓。例如他用分身法助农种豆、用神力避过蚂蚱（蝗灾）、海上搭救遇险渔民、帮助贫穷的盐民、惩治贪官富豪、杖打土匪头子等等，这些民间传说体现了社会底层民众希望神灵护佑他们的愿望。由于流亭胡氏后人和社会底层民众对胡峄阳的崇拜，使得有关胡峄阳的种种神奇传说不断被加工丰富和广为传播，这进一步加深了民众对他的信仰崇拜。在胡峄阳传说与信仰传播的过程中，经过宗族纵向"线"与地域横向"面"的不断融合，形成了胡峄阳信仰圈，并且最终完成了布衣学者胡峄阳由"人"到"神"的演进过程。

在中国众多的民间之神祇中，由"人"演进成为"神"者颇多，其中最有知名度的当属被历代朝廷册封为"天妃""天后"等名号的海上保护神妈祖和被册封为"昭烈武安王""关圣帝君"等名号的关公。相对于被朝廷册封的妈祖和关公来说，一介布衣学者胡峄阳由"人"到"神"的演进过程则纯属于底层民众造神的选择。对这样的个案进行研究，有助于探讨民间知识分子在其演进为"神"的过程中民间传说与民间信仰之间的互动，以及历史上社会底层民众的选择在造神过程中所起的作用。

作者简介

郭泮溪，男，汉族，1952年生于青岛，青岛大学学报部研究员、编辑。

胡峄阳传说与青岛历史人物传说比较

（发言提纲）

郭泮溪

一、简要介绍传说及其人物传说

以已经评定的5批"国家级非物质文化遗产名录"为依据，我们来看一下以"传说"项目在民间文学类中占的比例：第一批民间文学类共31项，传说6项，占总数的19%；第二批民间文学类共53项，传说19项，占总数的36%；第三批民间文学类共41项，传说24项，占总数的59%；第四批民间文学类共30项，传说18项，占总数的60%；第五批民间文学类共12项，传说8项，占总数的67%。显然，传说的立项比例节节攀高，不仅远远超过了同为叙事体的神话和故事，即便是在整个民间文学范围内，都已经超过了半数，其压倒性优势可见一斑。

传说分为三类，历史人物（含神化的人物）传说、重大事件传说和风物传说。其中历史人物传说所占比例最大。

二、青岛历史上的人物传说概略

1. 田横五百士传说
2. 康王与咬牙种传说
3. 童恢传说（童恢训虎在《后汉书》上有记载）

4. 郑玄与康城书院传说（郑玄是否到过不其山存疑，其传说悠久，唐宋以来诗文笔记），即墨、胶州、平度大家族名人传说

5. 唐王征东传说（历史上唐太宗贞观年间，御驾亲征高句丽收复辽东；唐高宗总章元年克平壤，高句丽亡，百济灭，设安东都护府）

6. 秃尾巴老李传说（历史背景：清代山东人闯关东）

7. 王重阳及全真七子传说

8. 于七传说

9. 胡峄阳传说（清《即墨县志》有记载）

三、历史年代上胡峄阳传说属于较晚者，论官职功名胡峄阳两者皆无者，但是影响却相当大

1. 帝王（田横、唐王、康王）

2. 官员（童恢）

3. 名学者、明道师（郑玄、全真道创始人王重阳及七子）

4. 名人之后（于七，外祖父戚继光，祖父于进表栖霞首富、大金矿主，父亲于可清明朝武将，崇祯二年战死在京城保卫战中）

四、寓崇拜于传说之中的神圣叙事——胡峄阳传说四特点

1. 胡氏家族崇信

2. 民众普遍崇拜

3. 寓崇拜于传说之中

4. 以民众保护神为基自然形成神圣叙事

胡峄阳和他的《竹庐家聒》

刘忠世

白说：昨天（11日）回流亭参加《青岛流亭胡氏族谱》授书活动，谱牒是一重要的文化品类，修撰家谱是一项重要的文化活动。20世纪50年代后，修谱已渐消失，至"文革"开始，家谱亦被列为"四旧"，焚毁几近殆尽。20世纪90年代以来，修撰家谱活动始有重现。胡氏族谱于2006年开始续修，经两年始告完成。关于活动及族谱详细情况，日后若有机会，将相关材料搜集整理，再行介绍。下面文中所述的胡峄阳先生，乃胡氏家族前辈。拙文是去年所作，后刊于当地的一史志刊物上，此次参加活动后，感到有必要向外界更多地介绍胡峄阳先生及其著作，故不揣浅陋，再贴于此。

青岛老居民可能都知道有一句话，说"千难万难，不离崂山"。据传，说这句话的是胡峄阳。胡峄阳（1639—1718），即墨流亭（今属青岛市城阳区）人，名良桐（有文章误为良相），后更名翔瀛，字峄阳。幼年家境贫寒。16岁赴莱州府应童子试，守门人欲解衣襟搜身，因不受其辱，拂袖而去，后终身不试，以教书授徒为业。乾隆二十年《即墨县志》称其"家甚贫，一介不苟取，蓬室瓮牖，悠然自适，雅工制艺，视进取之途泊如也。"胡峄阳去世后，族中为其修建了祠堂以事祭祀，后虽被毁，前些年又得以重修。近年，族人还在其旧居原址处建了一座纪念碑，足见其学品人品仍受崇敬。

胡峄阳在世时，已有关于其能预言未来的说法。过世后，民间更是流传了许多关于他的神奇故事，胡遂愈益被视为"仙人"。在流亭他的祠堂中有一对联，联中说他"儒亦为儒，仙亦为仙"。

仙是传说，儒是事实。胡峄阳一生研习经学，于《周易》研究尤为精深，著有《易象授蒙》《易经征实解》《解指蒙图说》《柳溪碎语》《寒夜集》《竹庐家聒》等多种，其中《易经征实解》有民国五年（1916）铅印本行世。

近年，胡峄阳族中后人及乡邻敬奉其为人与学识，已将其著作逐步编纂整理。其中，《竹庐家聒》与《友义》两篇已经校点、注释，并结为一集自费印制成册，分送族人与朋友。日前，蒙参与整理的刘世洁君赠余一册，读后，深有感触。尤以《竹庐家聒》一篇，别有意味。

此文命名，已表明其特点。其自叙说，"茅屋庭前，栽竹数竿，号为竹庐"。可知"竹庐"为其居处自号。继而说，"余未有知，何敢云训。然絮聒者，家庭之常，即不能训，岂不能聒？抑不敢言训，聊且言聒，故名家聒"。说得很明白，就是自己家里的琐碎"絮聒"。"絮聒"一语，乡间最常用，尤指年长者的反复唠叨。

所"絮聒"的内容，自然是"家长里短"，即子弟们日常生活所应注意的"小事"。其有"防子弟欲事便口辞""示子弟戒斗便口辞""示子弟远赌便口辞""示子弟读书便口辞""苦甜吟""防幼儿善恶邪正出入门户便口辞""示幼儿知法便口辞""示幼儿趋吉避凶便口辞""示基福便口辞""示益寿便口辞"共十章。

其行文风格，更是尽显家常絮聒的特点。各章名为"便口辞"，其内文正是极为"便口"的"家常呱"。如"示子弟远赌便口辞"是这样说的："见了赌的休眳眼，一眳眼，吃了亏儿便不浅。赌钱人，实可怜，赢了时，满肚子是钱；输了时，鳌子底上煎。赢了时，还想去忘食和眠；输了时，过不得度日如年。家业荡尽，精神耗散，父母不喜见，妻儿胡厮怨。邻里怕，朋友远，骨肉亲戚背地里也笑谈。世间许多下流事，那里不由这一件。又与人无仇无怨，偏偏的人憎鬼嫌。破破落落，肮肮脏脏。如许辛酸，心里知道，口里难言，竟似哑子吃黄连。会了的，早回头，回头是岸。不会的，切莫说，我偷闲，我乘便，不妨事，玩一玩，怕掉在苦海无边。"（见胡孝彬主编，〔清〕胡峄阳：《竹庐家聇·友义》，第9、10页。引文标点略有改动）如此"便口"之辞，自然极为适合乡间子弟诵读识记。

虽是"家聇"，但所阐发的道理，却是至深至远，是为人处世的基本原则。上述"远赌便口辞"如此，再如"示基福便口辞"，先引述枚乘上谏吴王书曰："福生有基，祸生有胎"。接下来只写十二字："要长厚，勿轻薄。要勤谨，勿骄惰。"言虽少，但其义深远。对此，比胡峄阳稍晚的即墨有名诗人冯素斋有评语说："轻薄二字，少年最易犯。须知福乃厚重之物，岂轻薄者所能承受哉。此天地之至理，非迂论也。痛切记之！"（同上书，第16页）身处当代急剧变动的社会转型时期的我们，对于那些因不能承受权力、财富之厚重，从而被压趴在地的轻薄骄惰之徒，所见实在太多太多了。

阅读《竹庐家聇》另有一感想是，当人们在谈论并进行农村文化建设、进行城市的社区文化建设时，是否需要一些适合的读本？数百年前的《竹庐家聇》，似乎可以给我们提供一些有意义的启发，甚至直接的参照。进一步说，在社区层面上的文化建设，除了需要那些在整个民族中占有重要地位的人所留下的文化遗产之外，那些与社区居民更为亲近的"乡贤"，似乎有着更直接而重要的意义。这一点，大约被人们忽视了。

作者简介

刘忠世，流亭街道刘家台村人，青岛大学《东方论坛》杂志社主编、教授。

明清时期儒家思想的民间渗透探析

孙顺华

【摘要】 明朝中后期至民国时期，族谱、家训、族约等宗族文献随着宗族组织的平民化而遍及全国山野乡村，从最广泛的意义上连通了儒家思想与平民百姓的生活实践，如成化碑所说的"民生日用不可暂缺"。这不是国家的政治灌输，而是取决于民间的自发需要，反映了主流、优势文化由上而下扩散传播的规律，并经历了漫长的历史过程。儒家思想之主导民间宗族活动，基于儒家思想与人情民俗的天然联系，其"齐家"之道为宗法社会结构中的治家需求提供了独一无二的理论资源。而血缘、地缘关系相重叠的宗族共同体则为儒家思想的民间渗透提供了场域，将以儒家礼教和人伦道德为核心的行为规范化为平民百姓日常生活中"做人"的内在自觉。儒家思想的民间渗透是中国传统文化的一大特色，也是理解和把握现代化进程中乡村文化变迁和乡村建设的关键所在。

【关键词】 儒家思想；民间渗透；宗族文献；宗族共同体

号称孔庙第一碑的成化碑上有一句碑文"孔子之道之在天下，如布帛粟菽，民生日用不可暂缺"，碑文将孔子之道比作"布帛粟菽"，意指孔子思想就像吃饭穿衣一样，是每个人每一天都离不开的，不管他是帝王贵族还是平头百姓。无疑，明朝成化皇帝从国家治理需要出发，把儒家思想作为正统意识形态而极尽推崇，但这仅仅是一种权力话语。历史上儒家思想与普通老百姓到底有什么关系？普通老百姓在日常生活中真的离不开儒家思想？社会史、宗族史研究和近代以来的大量宗族田野调查证明，明清时期，尤其明朝中后期到民国时期，宗族组织及宗祠遍及全国，笔者认为这从最广泛的意义上连通了儒家思想与平民百姓的生活实践，一个个的宗族组织将以儒家礼教和人伦道德为核心的人生规则、行为规范变成乡野普通人日常生活中做人的内在自觉，显示了作为主流的儒家思想在传统中国社会传播的范围之广和影响之深，可概括称之为儒家思想的民间渗透。本文主旨即在通过个案分析和历史溯源，论证儒家思想民间渗透的史实，并探讨其原因。

一、儒家思想的民间渗透以宗族文献为载体

我国的宗族文献资料浩如烟海，几乎每个宗族都有自己的族谱（又称宗谱、谱牒）、家训（又有家范、家诫、家箴、治家格言等名称）、族约等宗族文献，它们散落在民间，虽然各有不同的具体内容和文字表述，但有一个共同的特点，就是以儒家的礼教、人伦道德为核心内容。传世的民间族谱、家训、族约承载着儒家礼教、人伦道德精神及行为规则，向人们展现了一个个能容纳和约束族人的有秩序、有意义的小共同体的历时性状态，并对宗族成员的身份认同、归属、为人处世发挥着世代传承不断的作用。

笔者对青岛城阳流亭胡氏宗族作过深入调研，除了研读胡氏的族谱、族约、家训等文献资料，还对胡氏后人作过多层面深度访谈。

胡氏族谱全称《即墨胡氏族谱》，创修于清朝道光三十年（1850）；民国三年（1914），第一次续修胡氏族谱，传22世，收录5493人。[①]族谱作为儒家思想的载体作用表现在几个方面：一是族谱本身记载了宗族繁衍，是人伦关系的树式表达，在族谱中，宗族如同一棵大树，每一个族人都是这棵树的组成部分，生时与树共存，死后叶落归根，不管多少分叉枝叶，都同根而生，儒家思想所强调的长幼辈分、伦理秩序在族谱中一目了然。二是族谱中

---

① 2008年，胡氏第二次续修族谱，根据行政区划变迁，将《即墨胡氏族谱》更名为《青岛流亭胡氏族谱》，上自明朝永乐二年（1404），下迄2008年，共604年，录有25300多人。

有序、跋、记，篇数多少不等，都出自族中读书人之手，充满儒家礼教和伦理精神，比如胡氏谱序说：修族谱是为了遵循"尊祖敬宗收族之道"，传承"先世敦睦之风"；是为了"后世子孙读是谱而不忘本源，不昧亲疏，绵绵延延。"[①] 三是在族谱中注出族中廪生与太学生，特别标注贤、孝、贞以示褒扬（《即墨胡氏族谱》），而贤、孝都是儒家的重要理念。

胡氏族约刊载在族谱的跋中，"族约"云："夫枝虽有分，派虽有别，寻枝溯派，本源斯在于一本。同气之亲人而不相亲睦，不相亲睦，不相维系，在天之灵其怨恫矣，能保昌尔后乎？今与阖族约：勿或小加大，强凌弱，而薄我同气；勿或喜不庆、忧不吊而疏我一体；勿或荡产败家，致废邱陇祀；勿或匪类下流，致诒祖宗辱。所愿者务耕读、重廉耻、孝悌忠信。父兄以是教于上，子弟以是率于下，庶几作善降祥，和气致祥。上有以追崇先灵，下有以慰收族意也。予非宗望，愿笃伦理。兹因谱成，爰序数语，以尽劝敦睦之微忱云尔。"（《即墨胡氏族谱》载：胡继卓《谱事告成跋》）胡氏族约明确规定，族人要孝悌忠信，勤奋耕读，要懂得廉耻，不许以强凌弱，要团结互助、喜忧共担，从而实现宗族和睦、追崇先灵的目的。族约强调，胡氏宗族虽非名门望族，但"愿笃伦理"，要成为一个笃守伦理的宗族。胡氏族约明显具有约定族人公德的规则作用，体现了维护宗族秩序的功能。

胡氏宗族的家训是十世胡峄阳（1639—1718）的《竹庐家聒》。胡峄阳是胡氏宗族中最有名望的地域性历史文化名人，其名字出现在《即墨县志》《崂山志》《莱州府志》等地方志书中。即墨县志载："胡翔瀛，字峄阳，生有异禀。精研《周易》，于濂洛之学别有微契。"[②] 胡峄阳以私塾先生为业，他的"精研《周易》"表现在他的传世著述《易象授蒙》和《易经征实》中，显示了他对儒家经典的学养。他对宋明理学也颇有共鸣，尤其是"于濂洛之学别有微契"，认同北宋理学家周敦颐倡导的通过学习和修养"自易其恶，恢复善性"的观点，因此撰写《竹庐家聒》。《竹庐家聒》主要针对农家子弟

---

① 胡不校. 续修族谱序[M]. 沣里村志编纂委员会. 沣里村志. 济南：山东省地图出版社，2008：253.
② 即墨市志办公室. 清乾隆版《即墨县志》卷之九[M]. 北京：中国和平出版社，2005年校点本：179.

的日常生活而施教，主要内容是：教育子弟在日常生活中远离赌博、斗气、游手好闲等恶习；要孝敬父母："五刑有三千，不孝为第一。"要守规矩："为人要守法，守法得便宜。"要快乐读书："别无事，且把书念。细细嚼，漫漫钻，无限滋味在眼前。"做人要厚道勤谨："要长厚，勿轻薄。要勤谨，勿骄惰。"[①] 如果说族约偏重于宗族公共规则，那么家训则偏重于对族人个体行为的约束，它承载着族人日常生活中应遵守的规范或法度。

《竹庐家聒》内容务实接地气，语言通俗，体现了针对农家子弟施教的平民家训的特点。"家聒"二字是谦词，胡氏后人将其尊为家训世代遵循，胡峄阳本人也被其后人传祭300余年，其影响所及直到今日。笔者在流亭社区作调研时，胡氏后人无论老幼都尊称胡峄阳为"老爷爷"。一位读过大学的70后胡氏后人撰文说：自己从小就家风很严，祖父常说"正南八北人家，要讲点礼数""要孝敬老的""不准赌博""要好好读书"，这对他有深刻影响。[②] 流亭、洼里两村接受学校教育不多的老人们表示，在日常生活中他们是遵循"老爷爷"家训的，做人做事讲究正直，顾及邻里关系。

胡氏宗族的历史演变在族谱中有明确记载：胡氏始祖自明朝永乐二年（1402）迁至流亭；1435年前后，长支从流亭村东迁到地势较低的洼里，二支随父母留在流亭，胡氏分为两支，形成"父子村"，此后胡氏后人主要聚居在流亭、洼里两个相邻的村庄繁衍生息，形成血缘关系与地缘关系重叠的"村落家族"。胡氏最初几世勤劳耕作，艰难度日。从第七世起，族中开始出现考入县学的读书人；从第八世开始，几乎每世都有到县里读书的庠生，也有一些廪生和太学生，但是直到清亡从未出现过一个品官，可见胡氏宗族是一个再普通不过的平民宗族。

青岛流亭胡氏宗族只是全国难以计数的平民宗族中的一个，研读胡氏宗族文献和实地调研，可管窥儒家思想在民间的渗透状况。北方尚且如此，南方不必赘言，社会史和宗族史研究领域公认闽、赣、湘、苏、皖、浙、鄂、

---

① 青岛峄阳文化传播有限公司. 胡峄阳文集. 上海：上海古籍出版社，2011.
② 洼里村志编纂委员会. 洼里村志[M]. 济南：山东省地图出版社. 2008：278.

粤、川等南方地区宗祠普遍、宗族文献丰富。儒家思想以宗族文献为载体渗透民间是不争的事实，那么，为什么明清时期宗族组织能够遍及乡野？为什么承载儒家礼教和人伦道德的宗族文献能落地穷乡僻壤？儒家思想全覆盖渗透民间主要是国家设计、政治灌输还是民间自发需要、自主接受？对此，笔者认为有必要加以追溯和阐释。

宗族的基础无疑是血缘关系，但血缘关系只是宗族形成的前提条件，仅有血缘关系不可能自动形成宗族，人们有意识的组织活动才是宗族形成、并具有种种社会功能的决定性因素。宗族既是一种血缘组织，这种组织的内部血缘关系必须十分清楚才能够维系和发展，所以建宗祠、修宗谱、制定家规族约是宗族必不可少的组织活动和手段。

宗族源于史前的氏族，进入商周时代被称为"贵族宗族时代"①。文献记载，商周有专记帝王诸侯世系的谱牒，《史记·太史公自序》云："维三代尚矣，年纪不可考，盖取之谱牒旧闻。"按照司马迁的记载，夏商周三代王侯是有谱牒的，此时的谱牒主要是保证宗主地位的，宗主即早期国家的君主。历史学家吕思勉先生将"宗"与"族"加以区分，指出："宗与族异。族但举血统有关系之人，统称为族耳。其中无主从之别也。宗则于亲族之中，奉一人焉以为主。主者死，则奉其继世之人。"②夏商周时代的宗族重"宗"，是宗统与君统的统一体，表现出强大的国家政治功能。从宗族角度看，夏商周三代损益因循的"夏礼""殷礼""周礼"可看作是王室贵族的家规族约，由统治者掌控，此时无论谱牒还是礼法主要表现为国家制度，具有政治功能，所以"礼不下庶人"。而被家训研究者作为家训之祖的周公《诫伯禽书》，实际是对诸侯国君个体品质、治国能力的要求，主要表现为治理国家的政治意义。

彰显社会文化功能的宗族组织及宗族文献起于汉代以后，在魏晋南北朝时期的士族中表现突出。史学家田余庆先生指出，魏晋的士族一部分是东汉以来的世家大族，他们一般聚族而居，以儒学传家，沿着察举、征辟的道路

---

① 冯尔集. 中国宗族的历史特点及其史料 [J]. 社会科学战线. 2011, 7.
② 吕思勉. 中国制度史. 上海：上海教育出版社. 1985：371.

入仕，延续到魏晋南北朝；一部分是新起的士族，沿着九品官人之法出仕。就具体的士族来看，有东汉世家大族渊源的占少数，而多数是魏晋南北朝的新出门户。① 无论是东汉以来的世家大族还是魏晋新起的士族，都重视撰修谱牒，重视家教家风。当时选拔官员主要采取九品中正制，又称九品官人法，负责选拔官员的"中正官"将候选人员评为九等，评议标准是家世和行状；所谓家世，就是家庭背景，主要看祖上的资历仕宦情况，也就是门第；所谓行状，就是个人的品德和能力。魏晋之际已出现偏重门第的现象，整个魏晋南北朝时期愈演愈烈，官府选举基本依据谱牒，门第几乎成了官员选拔的唯一标准，似乎出身门第好，品德、能力自然就好，所以有"上品无寒门，下品无士族"的说法。对于士族来说，族中佼佼者依靠门第跻身高位，拥有极高的政治、社会地位，也拥有大田庄等雄厚经济实力，但如何保证优越地位世代不衰是一个非常现实的问题。历史告诉他们，政治地位、经济地位可能瞬间断送，短期内难以被取代的其实是文化优越性，这是暴发户包括打下天下的皇族所望尘莫及的，文化优越性不是短期能建立起来的。士族的文化优势表现为严格的礼仪和家教门风，他们非常重视子弟读书、修养、礼教，强调对儒家经典的学习，极力维护血统和门第的高贵，这些都呈现在士族的宗族文献中。比如备受推崇的《颜氏家训》即强调文化条件对于维持家族门户地位的重要性，其"勉学"篇云："自荒乱以来，诸见俘虏，虽百世小人，知读《论语》《孝经》者，尚为人师；虽千载冠冕，不晓书记者莫不耕田养马。……若能常保数百卷书，千载终不为小人也。"

隋唐以后选官制度上的重大变化是科举制取代九品官人法，朝廷用人主要根据考试成绩，而依据门第出身选拔官员的做法退出历史舞台。科举制的发展，打开了社会中下层通过读书科考晋升社会上层的大门，加快了阶级的上下流动，通过科考光宗耀祖成为社会风尚，带动宗族组织建设由士族向官宦家族转化，科考出身的官员成为宗族组织活动的主角。相对于魏晋南北朝的士族，科考出身的官宦家族队伍明显扩大，南宋文人士大夫文集中有不少

---

① 田余庆. 论东晋门阀政治 [J]. 北京大学学报, 1987, 2.

谱序、谱跋，说明撰修族谱等宗族组织活动明显增多。另外，宋朝家训类文献也多起来，且许多家训出自大官僚之手，观其内容，可看作是儒家精英的治家专论或家训专题，它适合于中上层官宦宗族，与平民百姓的生活有明显距离。尽管唐宋的宗族组织活动主要限于社会上层官宦家族，但其宗族组织方式、活动却为明清时期的平民宗族作了示范，表现了社会主流文化的上行下效，也反映了优势文化由上而下扩散传播的规律。如北宋范仲淹设置义庄，赈济贫困族人，还亲自为范氏家谱作序，这些都为后来民间平民宗族所效仿。青岛流亭胡氏宗族就明确标榜以宋代的望族为榜样："范氏族谱，声高义田；欧公宗支，勋成阀阅；以及甲门四姓张氏之九世同居，无不以敬宗睦族、尊老慈幼为致祥之基。诚能踵而行之，父兄教于上，子弟率于下，仁风翔洽，和气涵濡，族姓繁衍，科名蔚起，所以追崇仙灵以诒厥孙谋者。"[①] 在此，胡氏宗族表达了对名门望族的羡慕，也希望通过宗族组织活动，团结族人学习名门望族，在祖先护佑下，让胡氏族人生活在仁爱、和谐、温暖的共同体中，并以族姓繁衍、出人头地而告慰祖先、光宗耀祖。

宗族组织平民化是在明朝中后期，一个标志性的时间节点是嘉靖十五年（1536），由礼部尚书夏言提议，皇帝下诏允许庶民设宗祠祭祀始祖，这一诏令顺应了民间本来就有的崇拜祖先的信仰风俗，引发了全国性修建宗祠的热潮。此举更大的社会意义在于，宗族组织成员已突破五服宗亲的限制，只要是同一个始祖、始迁祖，都可进入族谱，都是宗族成员，所以几乎所有聚族而居的百姓，无论贫富贵贱，都被纳入同祖血亲的宗族组织，参加各自的宗族活动，实现了宗族组织的平民化，宗族组织由此成为我国民间最具广泛性的团体。宗族史及谱牒学研究证明，嘉靖、万历年间，民间建宗祠祭始祖的宗族组织活动已非常活跃，具备一定经济能力的宗族纷纷建立宗祠祭祀始祖，导致"宗祠遍天下"。这种局面的出现在此之前是不可想象的，即使在明朝初期还沿袭庶人不许建宗祠的传统礼制，如朱元璋下令纂修并赐名的《大

---

① 胡映藜. 胡氏始建祠堂记[M]. 洼里村志编纂委员会. 洼里村志. 济南：山东省地图出版社. 2008：249.

明集礼》，明确规定"庶人无祠堂，唯以二代神主置于居室之中间。"而嘉靖年间国家允许庶人祭祀始祖的诏令，等于为平民宗族组织活动松了绑，使得平民宗族组织活动合法化，客观上推动了宗族的普及。到了清朝，政府采取肯定、倡导民间宗族活动的政策，如康熙皇帝发布"上谕十六条"，其第二条"笃宗族以昭雍睦"就肯定宗族的作用。雍正皇帝发布《圣谕广训》，进一步倡导民间"立家庙以荐蒸尝，设家塾以课子弟，置义田以赡贫乏，修族谱以联疏远。"清廷还对累世同居、忠义孝悌的模范宗族给予表彰，仅乾隆五十年（1785），就表彰了192户。[①]在民间自发需要和国家许可、倡导的条件下，明朝中后期到民国时期，宗族组织活动普及到穷乡僻壤，特别是清代中后期，人人都归属宗族，几乎已没有无谱之族、无谱之人，儒家思想以宗族文献为载体，实现了全覆盖式民间渗透。

二、儒家思想的民间渗透以贴近人情民俗为本源

从传世的宗族文献来看，无不体现传统社会的主流价值观——儒家的礼教和人伦道德，具体方式是将儒家理念转化成对子弟、对族人日常生活的要求和规则。无论是汉代的世家大族、魏晋南北朝的士族、唐宋的官宦宗族还是明中期以后普及化的民间平民宗族，都以儒家思想作为治家之道。

儒家只是先秦百家中的一家，儒家思想能通过宗族文献渗透民间，与儒家思想贴近人情民俗有关。从源头上讲，儒家所尊崇的周礼并非西周的发明创造，而是来自原始祭祀仪式，是周公对古老习俗的承袭和改革。古人早已认识到这一点，章学诚在《文史通义·原道上》中指出："学于众人，斯为圣人。"又说："自古圣人，皆学于众人之不知其然而然，而周公又遍阅于自古圣人之不得不然，而知其然也。"史学家杨向奎先生进一步论证了周礼与习俗的关系："在我国古典著作中的'三礼'及后来的所谓'五礼'中都是包罗万象，婚丧、嫁娶、朝聘交往、礼仪乐舞、军队征伐、典章制度，无一非礼，而许多是来自原始社会的风俗习惯。来自原始社会的这种古老的

---

① 冯尔康. 清代宗族制的特点[J]. 社会科学战线，1990，3.

习俗，经过阶级社会'圣人'的加工和改造，变为成文的礼，后来又变为成文的法。"①在以后的历史过程中，孔子为创始人的历代儒家承继传统，维护周礼，并不断概括、提升祖祖辈辈的生活实践经验，所谓"贤智学于圣人，圣人学于百姓"（《文史通义·原道下》）。儒家的核心思想"仁"，就以人人都能理解的自然血缘纽带为基础，孔子说："弟子入则孝，出则悌，谨而信，泛爱众，而亲仁。"（《论语·为政》）孟子说："亲亲，仁也。"又说："仁之实，事亲是也；义之实，从兄是也。"（《孟子·离娄章句上》）可见孔子、孟子都把血缘关系看作"仁"的一个基础含义，而血缘关系是人人都能感同身受的，就这一点看，儒家义理贴近人性。而且儒家注重体察民情民俗，以孝道为例，孟子通过观察民俗，归纳总结民间有五种不孝的情况："世俗所谓不孝者五：惰其四支，不顾父母之养，一不孝也；博奕好饮酒，不顾父母之养，二不孝也；好货财，私妻子，不顾父母之养，三不孝也；从耳目之欲，以为父母戮，四不孝也；好勇斗狠，以危父母，五不孝也。"（《孟子·离娄下》）在此，孟子强调"孝"这一基本人伦，总结了民间不孝的五种情况：一是四肢懒惰，不顾父母的生活；二是嗜赌嗜酒，不顾父母的生活；三是贪图钱财，偏爱老婆孩子，不顾父母的生活；四是放纵于寻欢作乐，使父母蒙受羞辱；五是逞勇好斗，危及父母。孟子孝道思想呈现于明清宗族文献时各有不同表述，总体上看是更加直白的要求、训诫。

在儒家思想全面渗透民间的过程中，不可否认背后有国家制度的力量，汉武帝"举孝廉"科的实施，开启了以儒学为取士标准的历史，经过不断的改革，最终到隋唐时期形成了比较完备的科举制度，国家通过考试选拔官员，考试内容以儒家经典为主，于是国家教育制度演化为儒学的传播系统，学习儒家经典成为官学和私塾的同一选择，儒家思想的传播由此得到制度上的保障。不过，这种制度上的保障，主要与官员队伍、读书人有直接利益关系，他们必须掌握儒家经典才能在科举考试中脱颖而出，才能胜任官职。以是否掌握儒家思想作为选拔、任用官员的标准，是国家政治组织系统的严密制度

---

① 杨向奎. 宗周社会与礼乐文明[M]. 北京：人民出版社，1997：250.

设计。与国家政治组织不同，宗族基本是民间上行下效自发形成的社会组织，国家没有直接的制度设计。但也必须看到，饱读儒家经典的官员、读书人通过社会管理或日常生活中的榜样示范效应，通过宗族组织活动推动了儒家思想在民间的渗透。以胡氏宗族为例，读书人是族中见多识广的人物，他们将社会主流信息带入村中，起到了向家族垂范、以儒家人伦道德整顿族风村风的作用，正是在族中返乡读书人的倡导下，胡氏以敬祖、敦族谊、广孝思、习礼让为宗旨开展宗族组织活动。

与上述二因素相关，除了儒家思想，在先秦百家中找不到第二个"治家"之道。自汉武帝"独尊儒术"后的中国帝制时代，儒家思想总体上占意识形态统治地位，但魏晋南北朝时有一些特殊，当时上流社会士大夫阶层盛行的是玄学，其价值取向在老庄玄学，并非儒学。可问题是魏晋南北朝恰恰又是最讲究门第的时代，人物品评、官员选拔特重门第，所以不管士大夫本身如何倾心玄学，现实需要他们以门户自矜，维系士族门第，"治家"乃是重中之重。玄学在"治家"方面有天然的弱点，在玄学中实在很难找到有关"治家"的理论依据。"治家"从来就是儒家的强项，只能从儒家思想中寻找思想工具，从理念到实践，都要都仰赖儒家思想。因此相关文献记载了这样不乏矛盾的现象：士人在性情、社交方面率性自由，但在治家方面严格遵循儒家的礼，而且还特重丧服之礼。如《晋书·庾亮传》记载：名士皮亮，既"性好庄老"，又"风格峻整，动由礼节，闺门之内，不肃而成"。《三国志·魏志·王爬传》记载：王爬训诫子侄"遵儒者之教，履道家之言"，这是当时玄学名士的共同特点。余英时在《汉晋之际士之新自觉与新思潮》一文中指出：汉代以后，宋明理学以前，"儒家性命之学未弘，故士大夫正心修身之资，老释二家亦夺孔孟之席。唯独齐家之儒学，自西汉下迄近世，纲维吾国社会者越两千年，固未尝中断也。而魏晋南北朝则尤为以家族为本位之儒学之光大时代，盖应门第社会之实际需要而然耳！"[1] 就是说，玄学在士大夫正心

---

[1] 余英时. 汉晋之际士之新自觉与新思潮[M]. 中国知识阶层史论（古代篇）. 台北：联经出版事业公司，1980：326.

修身方面有独特优势，满足了士大夫对个体生命自由超脱的追求，能弥补"儒家性命之学未弘"的缺憾，而要维护门第则离不开儒家的"齐家"之道。借用马克斯·韦伯的价值理性和工具理性理论，魏晋南北朝士大夫醉心老庄玄学偏向于价值理性，而以儒家礼教、人伦道德治家则偏向于工具理性。著名的《颜氏家训》有很多处引用或化用了《老子》《庄子》两书中的典故，吸收了道家思想，也吸收了佛家思想，但这不能否认士族以儒家礼教和人伦道德为主导来维护门第的事实，恰恰反映了魏晋南北朝的流行思潮和士大夫的矛盾心态。

在宗族组织从上到下普及化过程中，儒家思想起到了从上到下化育民俗的作用。唐宋及之前的宗族文献主要作用于社会中、上层，而明朝中后期以后的民间宗族组织及难计其数的宗族文献，才真正将儒家礼教和人伦道德落实到底层百姓。儒家思想原本就贴近人情民俗，进入到宗族文献中，更表现出生活化的特点，发挥着指导、规范人们生活实践的作用。不过需要指出，社会上层和社会下层的生活实践相差悬殊，所以承载儒家思想的宗族文献，在具体内容和语言风格上都明显不同。从具体内容来看，我们现在看到的历代流传较广、享有盛誉的家训往往出自儒家精英高官之手，此类家训中志存高远、惜阴攻读、立身扬名、清廉奉公等内容是官宦宗族的日常生活，与底层民众的生活实践相去甚远。如在《颜氏家训》中，颜之推将修身、齐家与治国平天下之大业相联系，将"正家"与"正天下"相联系，这显然是少数君子的事，跟普通底层百姓的为人处世没有关系。乡野平民宗族的家训针对的农家子弟的生活实践，如前述青岛流亭胡峄阳的《竹庐家聒》，从农家子弟的行为养成着眼，从生活常规入手，其训导内容都是农家子弟日常生活所应注意的事情。① 从语言风格来看，上层官宦家训多注意讲道理，比较文雅、精致；而下层平民家训语言风格多直白、朴素，直接告诫要做什么不做什么，如《竹庐家聒》告诫子弟要区分善与恶、邪与正，日常行为要向善行正，要守本分，"闻恶言，闻邪言，耳要聋，口要封。闻善言，闻正言，耳要聪，

---

① 孙顺华. 竹庐家聒的家训特点及当代价值 [J]. 东方论坛, 2015, 2.

心要诚。见恶事,见邪事,目要蓉,心要定。见善事,见正事,目要明,心要动"①。胡峄阳家训用了不少当地白话,朗朗上口,易于农家子弟理解、接受。

三、儒家思想的民间渗透以宗族共同体为场域

社会史视角下,宗族组织是血缘关系与地缘关系相重叠的宗族共同体:一方面,以一本之祖的血缘关系为纽带,众多同祖同姓的家庭被组织到宗族中,形成血缘共同体;另一方面,农业生产方式将他们固着于土地上,长期聚居一处,一个个自然村落由此而生,形成地缘共同体。从社会组织角度看,中国的宗族组织有无可替代的重要地位,时间上,贯穿古今,在漫长的历史中,宗族在组织结构、功能等方面有所变化,但存续时间之长为中国任何其他组织所不能比拟;空间上,随历史的进程,宗族组织的覆盖范围从上层到下层逐渐扩大,明清之际到民国时期,几乎将所有人纳入其中。

宗族共同体的核心价值观是尊祖、孝亲、睦族。具体说,就是将共同的祖宗作为凝聚族人的旗识而祭祀;孝顺父母长辈,最起码做到生养死葬,更高的要求是光宗耀祖;团结关爱族人,毕竟是同一祖宗的繁衍,救助族人、礼尚往来在某种意义上也是对一本之祖的孝敬。其中祖先祭祀礼仪能体现宗族的共同体意义,如青岛流亭胡氏宗族规定"每岁四祭习以为常,尊卑长幼,子姓兄弟不失其次。"②所谓岁四祭,就是按照董仲舒《春秋繁露·四祭》的说法,春、夏、秋、冬四时祭拜先祖父母。胡氏在祭祀活动中按尊卑长幼和亲疏次序进行,充分体现了儒家礼教精神。关于立祠祭祀的目的,胡氏宗族强调四点,即"敬祖、敦族谊、广孝思、习礼让"③,"敬祖"即"尊祖",要祭祀祖先;"敦族谊"就是加强宗族凝聚力和宗族共同体意识;"广孝思"

---

① 青岛峄阳文化传播有限公司. 胡峄阳文集[M]. 上海:上海古籍出版社,2011.
② 胡映藜. 胡氏始建祠堂记[M]. 洼里村志编纂委员会. 洼里村志. 济南:山东省地图出版社,2008:249.
③ 胡映藜. 胡氏始建祠堂记[M]. 洼里村志编纂委员会. 洼里村志. 济南:山东省地图出版社,2008:249.

就是提倡孝道，要赡养父母；"习礼让"就是在宗族中提倡"礼让"风气，通过"礼让"维护宗族团结，实现宗族和谐。

宗族共同体的意义不仅表现在祭祀祖先等公共礼仪活动中，也表现在对族人的行为规范中。儒家的一贯追求是将内在的"礼义"与外在的"礼仪"结合起来，规范社会成员的行为，《礼记》云："民之所由生，礼为大。非礼无以节事天地之神也，非礼无以辨君臣、上下、长幼之位也，非礼无以别男女、父子、兄弟之亲，婚姻、疏数之交也。君子以此之为尊敬然。然后以其所能教百姓，不废其会节。"（《礼记·哀公问第二十七》）在普及化、平民化的宗族共同体内，儒家的这一理想基本落地，落实到每一个人的"做人"中。由于宗族共同体为族人提供了相对封闭、固定的生存和生活环境，所以人与人之间多有沾亲带故的关系，不单纯是费孝通在《乡土中国》中所概括的"熟人"关系。熟人关系自不必说，还有一层远近不同的血缘关系。人从来到世间开始，就等于进入了以血缘纽带为轴心所形成的人与人的"伦常"秩序中，这些"伦常"秩序存在于丧礼、婚礼及出生、成人等各种仪式中，也表现在日常生活的方方面面上。比如丧礼中，穿什么孝服、怎么磕头等都有具体的规定；吃饭中，怎么坐，谁先动筷子等都有规矩，人们日常生活中的言行举止都由血缘关系中的身份、角色、地位等决定，表现出很强的等级性、秩序性。

维护伦常秩序的行为规范有的见于宗族文献的文本，有的不必见于文字而只是祖祖辈辈的约定俗成。对生活在宗族共同体中的个体来说，这种社会生态环境是先天的，在出生前就已经存在，基本无可选择，所以必须适应环境，要向内用力，修身、反思、自制、隐忍，将社会约束内化为道德自觉。这不单纯是自己的事，而是上受父、祖甚至更远的祖先影响，下将影响子孙后代，因此对绝大多数共同体成员来说，他们是在潜移默化中、在日常生活中，将家训族约、人伦精神内化为道德自觉，根植于内心，作为在实践活动中的准则而自觉执行，为人处世都讲究适度、得体，讲究温、良、恭、俭、让。这种自觉行为当然不是来自于人的本能，甚至有违本能，它来自于宗法社会的规定性，来自于宗族共同体的约定俗成，这是宗族共同体中一个成人不得不承担的道德责任，《礼记·冠义》说："成人者，将责成人礼焉。责成人礼焉者，将责为人子、为人弟、为人臣、为人少者之礼行焉。将责四者之行于人，其礼可不重与？"这里所说的"成人"不只是指二十而冠的生理成熟，更重要的是以礼俗之所尚向内用力而自勉成人，只有自觉承担起各种人伦责任的心理成熟才是"成人"的标志，如俗语所说"成人不自在，自在不成人"。

在宗族共同体中，人的道德责任是在日常生活的人伦关系中完成的，承担道德责任既是"成人"的标志，也是人之为人的必备条件，所谓"孝弟（悌）忠顺之行立，而后可以为人。"（《礼记·冠义》）人如果在日常生活中不能克制本能，遵循伦理规范，就没有活着的价值，如《诗经》所说"人而无礼，胡不遄死！"（《诗·墉风·相鼠》）按照礼俗"做人"是一个人实现世俗生活价值的唯一途径：首先要在有限的资源条件下维持基本生存，保证一家老小饱暖；其次是有基本的社会交往，以体面生活和礼尚往来获得他人尊重；最高价值是延续血脉，接续香火，光宗耀祖。梁漱溟先生说："以我推想，孔子最初着眼的，与其说在社会秩序或社会组织，毋宁说是在个人——一个人如何完成他自己，即中国老话'如何做人'。"①笔者认为孔子最初着眼的是社会组织还是个人无法说清，也不必追究，重要的是一个人如何做人确实与孔子之道割不断联系。"做人"使各种伦常关系在日常生活中得到落实，并表现出合乎情理、合乎人心、情理交融的特点，这正是成化碑所说的"民生日用不可暂缺"。孔子之道与普通百姓的联系是在宗族共同体中实现的，故宗族共同体为儒家思想的民间渗透提供了场域。

总之，宗族组织及宗族文献的普及化，使儒家思想从理念层面进入普通老百姓日常生活层面，这是宗族组织由社会上层到社会下层长期发展演变的结果，取决于民间的自发需要和理性考虑，是主流、优势文化由上而下的扩散传播，并非国家制度设计。儒家思想以宗族文献为载体、以贴近人情民俗

---

① 梁漱溟. 中国文化要义[M]. 上海：上海人民出版社，2005：106.

为本源、以宗族共同体为场域实现了全覆盖式民间渗透，是中国传统文化的一大特色，也是理解和把握乡村文化变迁的关键所在。笔者认为，中国稳定的农业生产生活方式，宗族共同体的社会环境，是儒家思想渗透民间的最基本的历史条件。在现代化进程中，在未来乡村文化建设中，儒家思想的地位和作用取决于上述基本历史条件的变化，正如马克思所说："人们自己创造自己的历史，但是他们并不是随心所欲地创造，并不是在他们自己选定的条件下创造，而是在直接碰到的、既定的、从过去承继下来的条件下创造。"[①]

作者简介

孙顺华（1962— ），女，山东青岛人，青岛大学文学院教授。

---

① 马克思恩格斯选集（第1卷）. 北京：人民出版社，2012：669.

《竹庐家聒》的家训特点及当代价值

孙顺华

【摘要】在我国浩繁的家训资料中，明末清初青岛地区文化名人胡峄阳的家训《竹庐家聒》独具特点，是少有的农家家训。《竹庐家聒》以乡间用语讲"家庭之常"；主张"教先急务"，把严防子弟沾染恶习放在首位；注重培养子弟平淡踏实的生活态度。在急功近利、道德缺失的社会特型时期，《竹庐家聒》对寻常百姓家庭教育及城镇社区道德文明建设有一定的借鉴意义。

【关键词】胡峄阳；《竹庐家聒》；家训

《竹庐家聒》是青岛地区传奇人物胡峄阳的家训，胡峄阳（1639—1718），名翔瀛，对儒家经典和宋朝理学颇有钻研，以地方文化名人载入《莱州府志》《即墨县志》《崂山志》等地方志。即墨县志载："胡翔瀛，字峄阳，生有异禀。精研《周易》，于濂洛之学别有微契。家贫甚，一介不苟取。蓬室瓮牖，悠然自适。雅工制艺，视进取之途泊如也。年七十余预示死期，无疾而逝。所著有《柳溪碎语》《易大象说》等书，存于家。"[①] 即墨县志中所说的胡峄阳"精研《周易》，于濂洛之学别有微契"，可与他的遗著相印证，2011年，《胡峄阳文集》[②]出版，内含《易象授蒙》《易经征实》《柳溪碎语》《胡峄阳诗选》《竹庐家聒》五册。这些著述让我们见识了胡峄阳对《周易》等儒家经典的

---
① 即墨市志办公室校点本. 乾隆《即墨县志》卷之九[M] P179. 北京：中国和平出版社，2005.
② 青岛峄阳文化传播有限公司.《胡峄阳文集》[M]. 上海：上海古籍出版社，2011.

探究功力,也看到他与"濂洛之学"即宋朝理学的思想渊源关系及他本人的性情志趣。胡峄阳把研读经书和观察生活结合起来,推演天道人事,因此后来被神仙化,在当地颇有名气,民间关于胡峄阳的传说很多,[①] 甚至把他当作料事如神的"胡三老爷"而顶礼膜拜。

《竹庐家聒》是胡峄阳为训诫子弟而作,共十篇,即:"防子弟欲事便口辞""示子弟戒斗便口辞""示子弟远赌便口辞""示子弟读书便口辞""苦甜吟""防幼儿善恶邪正出入门户便口辞""示幼儿知法便口辞""示幼儿趋吉避凶便口辞""示基福便口辞""示益寿便口辞"。篇幅不长,总共千字左右。胡峄阳自己谦称"家聒",后世子弟尊为"家训"。家训凝聚着家长对子孙立身处世、持家治业的教诲,我国的传统家训源远流长,士人、商人、官员乃至帝王之家,多有自定的家训,构成中国传统文化的一大特色。家训的流行,使仁爱、孝悌、诚信、勤劳、节俭等理念和美德推及到千家万户,影响世道人心至深至远。我国家训资料非常丰富,引人注目的往往是士族官宦的家训,《竹庐家聒》尚未引起家训研究者的重视,这与研究者的视角、视野及家训研究领域的深入程度有关。本文旨在分析《竹庐家聒》的内容、价值及在我国家训系统中的独特之处,探索其对当代普通家庭的家庭教育、城镇社区道德建设的借鉴意义。

一、《竹庐家聒》的出发点是严防子弟沾染恶习

胡峄阳在《竹庐家聒》自叙中指出:人小的时候沾染的不良习气,到老了也无法消除,"窃以为人自少染习气,如油入面中,白首不能除"。恶习是在日常生活中不知不觉生成的,一旦沾染上瘾,便很难戒除。胡峄阳认同程颐"道莫贵于审时"的观点,认为风俗习惯因时代不同而有变化,教育子弟也要根据实际情况施教,如果不考虑时风流俗,不首先防备他们最容易沾

[①] 青岛峄阳文化传播公司. 胡峄阳传说[M]. 北京:九州出版社,2011. 书中收集100多个胡峄阳传说,内容涉及济世救困、诲人化善、赐福禳灾、料事如神等。胡峄阳传说的传播中心是今青岛城阳、即墨,在山东半岛有很大影响。

染的恶习，只是一味地跟他们讲圣贤的大道理，就是泥古不化，自然收不到教育的效果，他说："三皇之时，人无后人之习，圣亦无后世之书，故习因时异，教先急务。不先防易染之习，辄授以圣贤穷理尽性之书，吾不知于学古何如。"

本着"教先急务"的理念，胡峄阳把严防子弟沾染恶习放在家训首位。《竹庐家聒》的第一篇是"防子弟欲事便口辞"，独树一帜地用理学思想来分析世俗生活中的恶习，把人容易沾染的恶习作为违背人伦的"欲事"，严防子弟沾染。中国历史上，与"人欲"相提并论的概念是"天理"，《礼记·乐记》最早把"天理"与"人欲"作为一对伦理道德范畴提出，对泯灭天理而为所欲为的行为进行批判，指出："人化物也者，灭天理而穷人欲者也。于是有悖逆诈伪之心，有淫泆作乱之事。"① 宋朝理学家认为违背伦理道德的不正当要求就是"人欲"，程颐指出"不是天理，便是私欲"，"无人欲即皆天理"。朱熹《朱子语类》多处谈到"天理人欲"，《朱子语类》卷十三有"天理存则人欲亡，人欲胜则天理灭"之语，按照乐爱国先生的解释，朱熹所说的"人欲"，指的是"私欲"，与人的正当欲望并非同一概念，"人欲"是指那些超出了正当要求以及违反了社会规范的欲望。②

胡峄阳对宋朝理学颇有钻研，他联系现实生活，直指人心和人性，把日常生活中普通人最易产生的违背社会规范的私欲指出来严加防范，这些私欲通俗地讲就是害己、害家的恶习。他所防的子弟"欲事"涉及八个方面，即酒、色、财、气、博、奕、游、戏。其中对于"八欲"中的酒、色、财、气，历来看法不一，一种观点认为酒是穿肠毒药，色是刮骨钢刀，财是下山猛虎，气是惹祸根苗；另一种观点认为酒无不成礼仪，色无路断人稀，财无不成买卖，气无反被人欺。胡峄阳显然熟悉这些分歧并作过思考，他对酒、色、财、气持中和态度，认为酒、色、财、气既有"天理"，也有"人欲"。他严防子弟的是超出正当需要的"人欲"，即沉溺于酒、色，贪婪且不择手段地追

---

① 《礼记·乐记》。
② 乐爱国. 朱熹眼中的儒学精髓：存天理，灭人欲[N]. 光明日报，2008-09-12.

求财富，盛气凌人以至于穷凶极恶。至于博、奕、游、戏，胡峄阳认为完全是"人欲"，所谓博、奕、游、戏，就是赌博、好斗、游手好闲、游戏人生，这是不折不扣的恶习，要严加防备。对于"八欲"，胡峄阳告诫后人，"子弟未入其中者，父兄宜严防之；已入其中者，宜痛戒之。"因为人一旦染上这些恶习，就会上瘾，"入其中，如渴欲饮，如饥欲饭，如冷欲穿，如瞌睡欲眠，如蝶恋花，如蚁聚膻，如蝇附腥，如蜣螂逐丸，如游蜂之误投蛛网被他缠，如鸟雀之自亲鹰鹯没处躲闪，如飞蛾之暗落油缸瞬息沉淹。"他教育子弟绝不可沾染"八欲"，从一开始就必须"避之如烈火，不可犯；畏之如深湾，不可狎而玩，免得后来苦趣万千。"

在胡峄阳看来，酒、色、财、气、博、奕、游、戏"八欲"中，"博""奕"最可怕，所以《竹庐家聒》第二篇、第三篇进一步加以强调。第二篇"示子弟戒斗便口辞"，专门告诫子弟不要与人争斗，好斗可能伤人伤己，斗红了眼可能"只管争胜，那顾死生"。第三篇"示子弟远赌便口辞"，告诫子弟要远离赌博，赌博危害最大，他说："诸事中，唯赌风迩来甚烈，不知其为害也甚于水火，吾见有蹈而死者矣。"当他发现7岁的儿子与邻家小孩玩类似于赌博的游戏时，就产生了"木蠹蚁穴、习性端倪之惧"，因此将儿子痛斥一顿，对其在产生不良习惯苗头时就及时、坚决、有效地加以纠正，为后人教育子女树立了榜样。

用理学思想分析人的恶习，并把严防子弟沾染"八欲"放在首位，是胡峄阳家训的一个重要特点。胡峄阳是读书人，从小有书可读，其家境好于许多的贫苦农家，但其家族仍然只是乡村普通农家，他本人是教书先生，但其父、其子都务农为生。对于普通农家来说，可利用的社会资源几乎为零，家庭经济极其脆弱，家庭所有成员老老实实、克勤克俭方可维持生计，保一家老少平安，若家中出现一个恶习上瘾的子弟，极易造成家破人亡，给家庭带来灭顶之灾，古往今来，这样的悲剧不在少数。知此便可理解为什么《竹庐家聒》把严防子弟沾染恶习放在首位。

二、《竹庐家聅》的中心点是培养子弟平淡踏实的人生态度

我国的著名家训多出自士族官宦之家，士族官宦之家拥有雄厚的社会、经济实力，获取功名、进入统治集团的机会很多，所以其家训往往少不了志存高远、惜阴攻读、修身养性、清廉奉公等内容，这样的内容在胡峄阳的家训里毫无踪影，《竹庐家聅》除了严防子弟沾染恶习，通篇强调的是培养子弟平淡踏实的人生态度。

胡峄阳祖上是云南移民，明朝洪武年间（1368—1397），胡氏始祖胡仪，从云南乌纱卫迁徙到山东青州矮槐树；永乐二年（1402），又自矮槐树迁至流亭。[①]胡氏最初几世以勤劳耕作为主，艰难维持生计。从第七世起，逐渐形成耕读传家的传统。[②]胡峄阳是第十世，在家训中，胡峄阳强调的是快乐读书，丝毫不涉及功名抱负。《竹庐家聅》第四篇"示子弟读书便口辞"云："别无事，且把书念。细细嚼，漫漫钻，无限滋味在眼前。尝着时，如饮美酒，如逢盛馔，如没衣乞儿忽遇春天。好受用，好受用，便是黄金也不换。这个乐，乐无边。"短短几十字，道出了读书的快乐。胡峄阳后人胡鹏昌在《祭父文》中曾提到胡峄阳"遗嘱十一字以诠耕读，曰：'屋要小，地要少，多念书，休考。'世守弗渝"。这样的遗嘱内容实在罕见，在胡峄阳生活的时代，为科举考试而读书是社会主流价值观，是读书人的最高目标。而胡峄阳与此相反，留下"多念书，休考"的遗嘱，其实这是胡峄阳对科举考试的理性认识。对偏远乡村农家子弟来说，能入私塾，读些《三字经》《百家姓》之类蒙书已经不易，能入县学读四书五经便是凤毛麟角了，至于金榜题名，那是十分渺茫的事情，清朝科场流传的谚语是"一命二运三风水，四积阴德五读书"，科场竞争之激烈造就许多白发童生，财力单薄的农家根本承受不起。所以胡峄阳并不主张为功名而读书，他强调的是农耕之余快乐读书，耕作是本分、

---

① 洼里村志编纂委员会. 洼里村志[M]. 济南：山东省地图出版社，2008.
② 《青岛流亭胡氏族谱》中二支第七世胡文翠名下标注：庠生，任职河南汝宁府西平县典史。此后胡氏各代在县学读书的廪生多起来。

是生计，读书是享受、是快乐，这才是踏实的生活。

胡峄阳提倡快乐读书也反映了他个人的性情志趣。胡峄阳自幼读书，通过了县级考试，当地盛传他在赴莱州府复试时，因对考生入场搜身之制感到羞辱，遂拂袖而去，发誓终生不再赴考。此事是否真实无法求证，但所传与他的性情倒也不悖，而且他确实没有获取功名。胡峄阳成人后在流亭、洼里、即墨城当私塾老师，并对宋朝理学和《易经》加以研习。他德行高洁，安贫乐道，安土重迁，有"千难万难，不离崂山"的名言。他在《竹庐口号》一诗中云："破屋时时乐天，信口杂赋诗篇。非晋非唐非宋，也儒也佛也仙。"[①]表现了他达观超脱、兼收并蓄的性情志趣，淡泊名利、宁静修身的价值追求，脚踏实地、追求生命之乐的人生态度。读书为生命之快乐，而不是为功名利禄，胡峄阳的读书快乐论值得当今许多急功近利的家长反思自己的教育理念和教育方式。

《竹庐家聩》第五篇到第十篇，是关于为人处世、社会交往的内容。第五篇《苦甜吟》："甜者苦之根，苦者甜之路。不甜而得甜，不苦而得苦。"短短数语，告诉子弟靠勤劳吃苦才能换取甜蜜幸福的生活。第六篇"防幼儿善恶邪正出入门户便口辞"，告诫子弟要区分善与恶、邪与正，远离邪恶，向善行正，这样才能保生命之安，享生命之乐。他说："闻恶言，闻邪言，耳要聋，口要封。闻善言，闻正言，耳要聪，心要诚。见恶事，见邪事，目要曹，心要定。见善事，见正事，目要明，心要动。"第七篇"示幼儿知法便口辞"云："为人休犯法，犯法没人替。为人要守法，守法得便宜。王法最无情，犯了饶不的。五刑有三千，不孝为第一。骂人也有罪，打人不须提。人若来打我，我且暂回避。不是既在他，我又何必理。针草不许偷，逢偷即非义。才不安理行，便坠有罪地。"告诫子弟不可不孝敬父母，不能打人骂人，不可偷盗，即使针草也不可偷。第八篇"示幼儿趋吉避凶便口辞"教育子弟遇事要避让："人骂休回口，人打且须走。凡事看着天，强梁不能久。要与善人亲，莫与恶人斗。"第九篇"示基福便口辞"只写十二字："要长厚，

---

① 《胡峄阳文集》之《胡峄阳诗选》。

勿轻薄。要勤谨，勿骄惰。"言虽少，但其义深远，对此，比胡峄阳稍晚的即墨有名诗人冯素斋有评语说："轻薄二字，少年最易犯。须知福乃厚重之物，岂轻薄者所能承受哉。此天地之至理，非迂论也。痛切记之！"第十篇"示益寿便口辞"："若犯诸事，危若朝露也。听我言，养神法：爱看时，须学瞎；爱说时，须学哑。""饮食节，嗜欲歇，心不动，神不灭，此是养生真妙诀。"再次强调要远离恶习，珍惜生命。

从上述内容可以看出，胡峄阳家庭教育的中心是培养子弟平淡踏实的人生态度，要求子弟守法、远离邪恶、珍惜生命、爱护家庭、吃苦耐劳、快乐读书等，家训中没有任何所谓"成功"教育，这是平民百姓最朴素的生活追求，也是平民百姓最现实的生活，而正是平民百姓最普通的对平安生活的追求构成了和谐社会最基本的力量，这给人人都热衷成功、追求或羡慕功名利禄、人心焦灼不安的当今社会，提供了完全不同的价值追求，值得人们思考。

三、《竹庐家聒》以乡间用语讲"家庭之常"，适于乡间子弟诵记

一般来说，有什么样的家庭，便有什么样的家训，可谓千家万户各自为训。官宦人家的家训、富商人家的家训、士人的家训、农家的家训因各自生活实践、价值取向、生活目标等方面的差异而千差万别。尽管胡峄阳本人是读书人、教书先生，但他生活的环境是农村，他的子弟是农家子弟，所以他针对农家子弟而施教，从农家子弟的行为养成着眼，从生活常规、日常小事入手，其训导内容都是农家子弟的"家庭之常"，也就是子弟们日常生活所应注意的事情。

从语言风格来讲，《竹庐家聒》使用了很多乡间用语，胡峄阳把自己的家训称为"絮聒"，"絮聒"就是"絮叨"，是典型的乡间用语，尤指年长者对小孩、年轻人的反复唠叨。他追求通俗易懂，故称"便口辞"，非常适合乡间子弟诵读识记。有的几乎是大白话，如"示子弟远赌便口辞"云："见了赌的休睁眼，一睁眼，吃了亏儿便不浅。赌钱人，实可怜，赢了时，满肚子是钱；输了时，鳌子底上煎。赢了时，还想去忘食和眠；输了时，过不的

度日如年。家业荡尽,精神耗散,父母不喜见,妻儿胡厮怨。邻里怕,朋友远,骨肉亲戚背地也笑谈。世间许多下流事,那里不由这一件。又与人无仇无怨,偏偏的人憎鬼嫌。破破落落,肮肮脏脏。如许辛酸,心里知道,口里难言,竟似哑子吃黄连。会了的,早回头,回头是岸。不会的,切莫说,我偷闲,我乘便,不妨事,玩一玩,怕掉在苦海无边。"这些话语极其朴素、通俗,他自称是"信口吹气,不求文采,音之所合,便为句。"虽然写完后自己感觉像念经的妇女絮絮叨叨,像大街上乞讨的孩子耍贫嘴,又像街头艺人的戏本言词,有些不雅,但他觉得,小孩"好学里巷闺门俗谣",既然利于小孩学习传诵,便保留了这种语言风格。

四、胡峄阳家训的当代价值

胡氏世代聚居的流亭是进出青岛的必经之地,从20世纪90年代加快了城镇化进程,如今老旧的村落已变成了高楼矗立的现代城镇社区①,村民也由农民摇身一变而成城镇社区居民。身份的变化、生活方式的改变不能根本改变他们精神深处的传统意识,相反他们致力于保存弘扬祖先文化遗产,他们把对祖先的敬拜集中到胡峄阳身上,捐资调查、编选、刊印胡峄阳传说故事②,捐资出版胡峄阳先生遗书,修建胡峄阳文化产业园。尤其是《竹庐家聒》对胡氏后人日常生活、行为举止和家教门风产生重要影响。胡峄阳后人胡孝华在《竹庐家聒》序中说:"十世祖晚年于教育子弟多有用力,留心于细小,杜之于初萌,施之以诱导,尽之以礼数。忧惧于子弟失教,以童蒙初开易染不良习气,作戒子弟便口辞,将深奥仪礼简约为便口歌谣,乡言俚语皆达道义,呓语幼儿即可成诵,名之为《竹庐家聒》。""十世祖对我后辈之用心,我辈当悉心体认,视之如珍宝,藏之于心,践之于行,方可无负于先贤,标

---

① 胡氏聚居在今青岛市城阳区流亭街道办事处的东流亭、洼里两个社区。据2004年的统计,东流亭共有居民866户,人口2070人,其中胡姓占总人口的65%;洼里共有37姓,其中胡姓631户,人口1688人,占全村户数的87.7%。
② 2013年5月,"胡峄阳传说"入选山东第三批省级非物质文化遗产名录,见http://www.shandong.gov.cn鲁政字(2013)90号。

称于今人，泽被于后昆。我当与族中子弟共勉之。"显然，胡峄阳后人把《竹庐家聒》作为代代相传的宝贵的精神财富，恪守家训，用以指导生活实践。胡保恩在《竹庐家聒》序中说："峄阳公在《竹庐家聒》中对我们后世子弟的训示和期望忧深而思远，即使在三百年后的今天，依然音犹在耳，有着切实的意义。用峄阳公的思想来指导我们的言行，沭化我们的家庭和家族，积德累善，必将使我们的家族更加叶茂本固，熔融于社会，表率于乡邦，方不负先贤厚望焉。"在此，胡峄阳后人认识到，谨遵家训，用家训来指导言行，可使家庭和睦，可积德积善，使家族繁盛，并能与社会和谐相处，表率于乡邦。胡孝彬认为《竹庐家聒》三百多年来始终是胡氏家族立身、持家、睦族之根基，他在《竹庐家聒》序中说："祖之教诲，虽三百年，未见远矣。嗣起后昆奋而追之，绳绳继继，是以立身持家睦族之基固也。"

  从胡峄阳后人的表述中，我们看到尽管经历了三百多年，尽管社会环境已发生了深刻变化，但是胡峄阳家训在其后人心目中的地位、对后人立身持家的指导作用始终没有动摇，祖先留下的安身立命、为人处世的遗训也一直规范着后人的行为，这给我们带来一些启示：在我国加快城镇化的进程中，农民生活常态被打破，农家子弟极易产生价值迷茫、道德失范问题，良好的家教家风将发挥学校不具备的教育功能。家可以说是人生的第一课堂，一个人的健康成长离不开良好的家庭教育。从胡峄阳家族来看，《竹庐家聒》以及由其训导而成的家风对于整个家族的健康发展和延续至关重要。可以说，家训凝聚着从祖先那里传承下来的道德精神，向世人展示着家庭文化的特色，代代相传的、独具特色的家训具有强大的教育功能，家庭每个成员的人生观、价值观、道德素养、为人处世等无不受家训家风的影响，无不打上家训家风的烙印，从小接受防邪养正的严格教育，会为成人后优良道德品质的养成打下扎实的基础。

  此外，在当代急剧变动的社会转型时期，追逐权力、追逐财富之风盛行，道德、法律屡屡被冲破底线，太多的轻薄骄惰者因不能承受权力、财富之重而被压趴在地，社会道德严重缺失，家庭美德、社会美德急需重建。在这种背景下,我们应重新认识和估量以伦理道德为基本内容及核心价值的传统家训的作用,应珍惜先人留下的这一极具特色的历史文化遗产,发掘家训文化宝库,把传统的家训精神与现代意识结合起来,把传统家训的积极因素与当今社会的新事物、新观念结合起来,创新观念,变革形式,发挥其在家庭美德及城镇社区道德文明建设中的积极作用。

平民之家宗族文化的构成及转型
——青岛流亭胡氏个案探究

孙顺华　刘艳秋

【摘要】 生活在今青岛流亭的胡氏宗族已有600年的历史，这个从外来移民发展而成的平民宗族，主要靠宗祠、族谱、合族公议、家训、文化名人等维系其存在和运行，由此构成胡氏特有的宗族文化。在向新型城镇社区转化过中，胡氏后人搜集、整理、保护、利用十世祖胡峄阳文化遗产，修建"胡峄阳文化产业园"，反映出胡氏宗族文化的现代转型。

【关键词】 青岛流亭；宗族文化；胡峄阳

今青岛市城阳区流亭街道办事处的东流亭、洼里两个社区以胡姓为主，[①]两个社区的胡姓同祖同源，虽然1949年后在行政上分属两个村，但按照当地村民的说法，他们在历史上是"村不分域，人为一家"[②]。胡氏以其丰富的宗族文化尤其是十世祖胡峄阳而闻名当地。我国典型宗族一般靠宗祠、宗谱、公产、族长、族规等元素的有机结合来维系其存在和运转。1949年前，胡氏有宗祠、族谱、公产，具有中国传统宗族文化的典型特征。但胡氏宗族没有族长，宗族事务往往由族中有能力的人向长辈提议，然后召集宗族各支"合

---

① 胡氏聚居在今青岛市城阳区流亭街道办事处的东流亭、洼里两个社区。据2004年的统计，东流亭共有居民866户，人口2070人，其中胡姓占总人口的65%；洼里共有37姓，其中胡姓631户，人口1688人，占全村户数的87.7%。

② 洼里村志编纂委员会. 洼里村志[M]. 济南：山东省地图出版社，2008.

族公议"；公产及经费进出由族中公认的可信赖的"老成人"负责；胡氏宗族也没有严格的族规族法，作为族人行为规范的是认同度很高的成文和不成文的家训、家风及族约，这使胡氏宗族文化表现出自己的特色。胡氏宗族文化是如何构成的？在现代城镇化进程中又是怎样转型的？下文将加以探究。

一、胡氏宗族的来历

胡氏宗族迄今有600多年历史。《洼里村志·大事记》记载，明朝洪武年间（1368—1397），胡氏始祖胡仪，从云南乌纱卫迁徙到山东青州矮槐树；永乐二年（1402），又自矮槐树迁至流亭。①流亭地处崂山脚下、白沙河畔，此处依山傍水，胡仪一家便在此定居下来。流亭作为村落的历史比较悠久，一种说法追溯到汉朝，一种说法追溯到唐朝。

对于胡氏来说，移居他乡并在他乡生存繁衍不是一件容易事，意味着一切从头开始。初来乍到，垦荒种田是唯一的生存之道，这是全体家庭成员努力的目标。胡家在流亭立住脚跟后，便顺着流亭继续向东开垦荒地。

明宣德年间（约公元1435年前后），胡仪长子胡士荣率家眷从流亭村东迁，择地定居下来。此处地势相对低洼，因而称"洼里"。②这样，胡氏在二世后，分为两支，长支迁到洼里，二支随父母留在流亭。洼里的生存环境较差，胡士荣携妻挈子定居洼里时，"这块沟坎列布盐碱充野的土地，依然是混沌洪荒，芦花飞荡"，这里不光地势低洼，而且土地贫瘠。洼里立村时，只有胡氏一姓，这种状况一直延续了近500年，直到1925年后才迁入外姓，故有"父子村"之称，③属于典型的血缘关系与村落地域关系相重叠的"村落家族"。

---

① 洼里村志编纂委员会. 洼里村志[M]. 济南：山东省地图出版社，2008.
② "洼里"村名见于记载最早的是清朝道光三十年（1850）的《即墨胡氏族谱》，后又载于同治《即墨县志》"七乡村庄图"。
③ 1925年后，林、王、赵、刘、周等姓先后迁居洼里。1978年后，迁入外姓逐渐增多，尤其是1995年后，随着"三资"企业的增多，外来姓氏大增，截至2004年，洼里村共有37姓，但胡姓是全村户数的87.7%，占绝大多数。

从一开始，胡氏就采用了"出居"的分家方式，即成家的儿子在父母健在时就与父母别居，①以后基本沿用这种分家方式。如胡氏十九世胡鹏昌在《祭父文》中提到，他祖父兄弟三人，因家境不好，"兄弟三人因以析居"。到他父亲成家后，也以长子身份自立门户，分家后，他父亲尽赡养父母、帮助兄弟之义务，"孝悌之名闻于乡党"。这种分家方式适合家底不厚的普通百姓之家，有利于小家庭独立生存发展和成年男子分担父母责任，是当地普通百姓长期以来普遍采用的分家方式，即俗语所说的"树大分丫，人大分家"。

胡氏最初几世以勤劳耕作为主，艰难维持生计。族谱显示，居于洼里的胡氏长支从二世到八世入谱者总共才22人，说明人口繁衍速度比较缓慢，人丁不旺，这与移民早期的生计艰难有关，与洼里土地贫瘠也不无关系。但是，经过数世的积累，从第九世起，长支人丁兴旺起来，族谱显示：九世到十二世：103人；十三世到十六世：489人；十七世到二十世：832人，这种人口繁衍速度显然是前八世无法相比的。

胡氏二支在人口繁衍、经济状况等方面明显好于长支。从七世起，二支族中出现了考入县学的读书人。族谱中二支第七世胡文翠名下标注：庠生，任职河南汝宁府西平县典史。读书是家族兴旺的必要前提，同时也要以一定的经济积累为条件，起码能付得起学费，不需要读书的孩子天天忙于生计。至此，胡氏"耕读传家"的特点开始显现，并在胡氏宗族形成传统，族人只要能够维持生计，都想方设法让子弟入私塾读书识字。胡氏宗谱显示，从八世开始，几乎每世都有廪生或太学生，②他们是宗族的骄傲和榜样。正是族中的读书人，强化和实践了儒家伦理所强调的、明清统治者所提倡的宗族意识，并使以儒家思想为指导的宗族文化的建构成为可能。

胡氏耕读传家的传统培养出一个闻名当地的人物——胡峄阳。胡峄阳是胡氏二支第十世，生于明崇祯十二年（1639），逝于清康熙五十七年

---

① "出居"的分家方式在先秦已存在，与商鞅变法中要求成年男子从父母家庭中分离出来的政策相合。
② 廪生即廪善生员，科举制度中生员名目之一。明、清两代，府、州、县学每月都向生员发放补助生活的廪膳，名额有定数，优秀者方能取得廪生名义。太学生是指在太学读书的生员，明、清时太学即国子监的俗称，多从府、州、县学生员中选拔，也有由捐纳而得者。

（1718），逝后葬于流亭村东北胡氏祖茔。他辞世后，《莱州府志》《即墨县志》《崂山志》等把他作为地方文化名人载入地方史册。胡峄阳的传世著述有《易象授蒙》《易经征实》《解指蒙图说》《柳溪碎语》《竹庐家聒》《寒夜集》等，原存于胡氏宗祠、胡公祠及百福庵等地，后散佚，但被不断传抄。胡氏后人习惯称胡峄阳为十世祖，因他在家族中排行老三，也尊称"三老爷"。胡峄阳一生先后在流亭和即墨县城教书，教书之余博览群书，尤其致力于研究《周易》，他把研读经书和观察生活结合起来，推演天道人事，以至于后来被神仙化。当地民间关于胡峄阳的传说很多，① 把他当作料事如神的神仙"胡三老爷"顶礼膜拜。

胡峄阳是胡氏家族精神文化的集大成者、理论提升者，是胡氏的荣耀和标志性人物。从十一世开始，胡氏开始宗族组织化建设活动，其中最重要的是两大活动：一是乾隆九年（1744），胡峄阳的儿子胡映藜主持修建了胡氏宗祠，供奉一世祖胡仪及十世祖胡峄阳等祖先牌位，族人有了共同的精神活动场所；二是一百年后，道光三十年（1850），胡象绎（十五世）、胡锟（十四世）主持纂修《即墨胡氏族谱》告成，胡氏有了敬祖寻根、凝聚血亲、教化子孙的依据。

二、胡氏宗族文化的构成

史学家冯尔康教授认为：宗族不只是血缘关系的简单组合，而是人们有意识的组织。血缘关系是宗族形成的先决条件；人们的组织活动才是宗族形成的决定性因素。② 这种判断符合胡氏宗族的实际情况。胡氏在前九世，宗族组织尚未形成；到十世胡峄阳，奠定了胡氏宗族的精神文化；而从第十一世开始有意识的宗族组织活动，形成比较稳定的宗族文化。胡氏宗族文化的构成主要有以下内容：

---

① 青岛峄阳文化传播公司. 胡峄阳传说[M]. 北京：九州出版社，2011.
② 冯尔康. 宗族制度、谱牒学和家谱的学术价值[A]. 国家档案局二处，南开大学历史系，中国社科院历史研究所合编. 中国家谱综合目录[M]. 北京：中华书局，1997.

1. 宗祠修建与祭祀

乾隆九年（1744），第十一世胡映藜主持修建胡氏宗祠，撰有《胡氏始建祠堂记》传世。《胡氏始建祠堂记》记载宗祠修建情况如下：

经过"族人公议"，宗祠选址在流亭村东，流亭是"胡氏发祥之地"，它"东临大海"，"西则平畴万顷"，"大河绕其南，不其马岭拱其北"，是"冈埠迴环，林木郁葱，灵秀之所钟聚"的风水宝地，也是胡氏宗族赖以生存繁衍的"发祥之地"。宗祠由三栋房屋组成，族人"鸠工庀材，建堂三楹，奉主其中"，其中后栋是仓库，"以藏遗书、衣物、公租、祭器，思以报本反始。"

关于宗族祭祀活动，《胡氏始建祠堂记》载："每岁四祭习以为常，尊卑长幼，子姓兄弟不失其次。"所谓岁四祭即四时祭拜祖先的活动，这是一种古老的祭祖传统，《春秋繁露·四祭》云："古者岁四祭。四祭者，因四时之所生孰，而祭其先祖父母也。故春曰祠，夏曰礿，秋曰尝，冬曰烝。此言不失其时，以奉祭先祖也，过时不祭，则失为人子之道也。"胡氏强调在祭祀活动中按照尊卑长幼和亲疏次序进行，至于"四祭"的具体时间和仪式未有记载。

胡氏立祠祭祀的目的主要有四："凡以敬祖、敦族谊、广孝思、习礼让者，于是乎在也。"所谓"敬祖"就是祭祀祖先，代代不断的祭祖是宗族兴旺的表征。"敦族谊"就是加强宗族凝聚力和宗族群体意识。"广孝思"就是提倡孝道，孝道除了赡养父母、祭祀祖先，更高层次是本身事业有成，能够光宗耀祖，扬名显亲，造福后代。"习礼让"就是在宗族中提倡"礼让"风气，通过"礼让"维护宗族团结，实现宗族和谐。在国家行政权力未深入乡村之前，"敦族谊"是乡村自治的需要，也是乡村自治功能的主要表现，而"习礼让"是实现乡村自治的必要条件。

胡氏宗族仰慕效仿的榜样是范氏、欧公、张氏等全国性著名宗族，《胡氏始建祠堂记》云："范氏族谱，声高义田；欧公宗支，勋成阀阅，以及甲门四姓张氏之九世同居，无不以敬宗睦族、尊老慈幼为致样之基。诚能随而行之，父兄教于上，子弟率于下，仁风翔治，和气涵濡，族姓繁衍，科名蔚起,所以追崇仙灵以诒厥孙谋者。"胡氏希望通过宗祠祭祀,表达对祖先的敬重感念,同时也希望祖先亡灵能保佑活着的人平安、兴旺,保佑胡氏宗族"族姓繁衍,科名蔚起"。

胡氏宗族的"公产"①有三处茔地,总共十四亩四分,本来是应付地方政府征发徭役的"差田",胡氏立宗祠的时候,朝廷废除了摇役,"差田"便被作为"祭田",成为宗族的公产。对于祭田的管理,胡氏的办法是"耕则分房发佃,收则合贮公仓,以为岁时享献。"从胡映藜的《胡氏始建祠堂记》可以推断,胡氏全部公产用于祭祀尚有不足,还需"牲醴诸品费按房派"。所以胡氏宗族的公产显然没有"赡族"的功能。

胡氏宗祠"每岁四祭"的习俗沿袭到何时没有资料作证。可以肯定的是,后来胡氏宗族更重视对十世胡峄阳的祭拜。由于胡峄阳在胡氏宗族中的特殊地位,胡氏后人于清光绪三十三年(1907)为其专建"胡公祠",位于胡氏宗祠"合敬堂"南侧偏东,奉祀胡峄阳和夫人江氏、战氏及子胡映藜牌位。胡公祠建成后,每年的农历除夕,胡氏族人都前来祭拜,这是最重要的祭祖活动。

2. 修族谱

族谱以血缘关系为基础,它是确定和联系族群的重要方式,也是确定族人亲疏辈分及宗族支派组织体系的重要方式。

胡氏在修建宗祠一百多年后,于清道光三十年(1850)创修了族谱,全称《即墨胡氏族谱》。②现在传世的是民国四年(1915),胡丕校、胡孝永、胡象亨主持续修的《即墨胡氏族谱》。所录内容上自明朝永乐二年(1404),下至民国四年(1915),共511年,传22世,收录人物5493人。外迁人员也列入族谱。族人外迁,有人口增长压缩生存空间的因素,也有向外谋求生存、发展等原因,如《洼里要览》记载,道光十七年(1837),连年大旱,"村

---

① 当地习俗把宗祠及祭田称为"公产"。
② 胡氏聚居的流亭、洼里,明清时属于即墨仁化乡,故称"即墨胡氏"。今在行政区划上属青岛市城阳区流亭街道办事处,故2008年修成的族谱冠名《青岛流亭胡氏族谱》。

民下关东者无数,童叟尽成乞丐,全村要饭棍竟有100余根。"胡氏二十一世孙胡保恩在2006年影印《〈即墨胡氏族谱〉》序》中说:"至上届(1915)续修族谱,族人已散居五十余个村庄。"

1915年续修的胡氏族谱以胡映藜的《胡氏始建祠堂记》开篇,载有《创修族谱序》《续修族谱序》各两篇,叙述修谱经过,编制命名定式①。谱书篇末有《谱事告成跋》,褒扬收藏族谱有功之人。谱书对始祖迁徙及后世外迁记载翔实,各支派源流脉络清晰。谱书还注出族中廪生与太学生,并列出贞女烈妇以示褒扬。

胡丕校在《续修族谱序》中说,胡氏创修族谱时,"订立约规以三十年为限",这一约规并未执行,续修族谱时,已相隔"六十余年矣"。为了遵循"尊祖敬宗收族之道",传承"先世敦睦之风",决定续修族谱,希望"后世子孙读是谱而不忘本源,不昧亲疏,绵绵延延,遵祖宗之遗泽而无替,吾胡氏一宗庶其与崂峰墨水并永也夫。"即希望通过修族谱强化宗族意识和宗族团结,维护宗族延续和发展。十四世胡继卓在《谱事告成跋》中以"笃伦理""劝敦睦"的名义提出"族约":"夫枝虽有分,派虽有别,寻枝溯派,本源斯在于一本。同气之亲人而不相亲睦,不相亲睦,不相维系,在天之灵其怨恫矣,能保昌尔后乎?今与阖族约:勿或小加大,强凌弱,而薄我同气;勿或喜不庆、忧不吊,而疏我一体;勿或荡产败家,致废邱陇祀;勿或匪类下流,致诒祖宗辱。所愿者务耕读、重廉耻、孝悌忠信。父兄以是教于上,子弟以是率于下,庶几作善降祥,和气致祥。上有以追崇先灵,下有以慰收族意也。予非宗望,愿笃伦理。兹因谱成,爱序数语,以尽劝敦睦之微忱云尔。"

3."合族公议"

我国典型宗族一般由族长掌管宗族事务,但胡氏宗族没有任何有关族长的文字记载或口传。从胡氏保存的文献看,宗族重大事务一般由族中长辈或热心宗族事务的族人提议,然后"合族公议"决定,当然这些热心宗族事务

---

① 胡氏命名定式中,十九世前长支、二支各不相同。1850年合修胡氏族谱确定,自二十世后,长支、二支统一命名定式,而自六世至十九世各有本支的命名定式。

的族人也是族中有能力、有威望的人。

事例一：胡映藜的《胡氏始建祠堂记》载：建胡氏宗祠，由胡映藜提议，"族人公议"决定。宗祠祭祀的财务支出，由公认的可信赖的"老成人"负责，账目要向族人公开，"老成人总司出入，凡用度生息须共向关会焉。"

事例二：胡丕校的《续修族谱序》载：续修族谱由族中长辈提议，"曾祖象亨与伯父承泮，约合族公议，以为尊祖敬宗收族之道，莫大于修谱"。这一提议得到族人的支持，于是"公推我象亨曾祖与我伯父总其事，而续修之举以定。"然后选定"采访者""写者""编订校阅者"。"诸尊长夙夜忧勤，协力振兴"，终于"昌率族人"完成续谱工作。

胡氏宗族虽然没有发展出具有强大威权的族长，也缺乏严密的血缘组织等级，但可以肯定的是，这并不影响族人的宗族意识，也不削弱族人对祖宗历史和文化的强烈认同感。事实上，有能力的族人往往自觉承担延续宗族文化、维护宗族公共利益的义务。最典型的事例就是胡海云（即胡鹏昌）父子对宗族的付出。胡海云《祭父文》云：父亲"自弱冠弃儒学商"，他一生"自奉俭约，蔬食粗衣，终身如一日。然爱人好施、周急济贫则从不稍吝，凡有所求靡不以应"。尤其到了晚年，"于亲戚族党之尤贫苦者，每招与之粟或贷以钱，而不责偿，或种以地而减其租"。这是一种自觉的个人"赡族"行为。胡海云先后在烟台、青岛等地发展，在他事业有成后，父亲嘱其刊印珍藏的胡峄阳遗书、整理祖茔，《祭父文》云："先峄阳公遗书数种，均系阐发精理有关世道之作，久未付梓，嘱不孝校对印行。又凡祖茔无碑碣之墓，不计亲疏皆陆续树立。"民国二十三年（1934），胡海云出资创办洼里村胡氏子弟识字所，就读学生60余人，学费、书本费等一切费用均由胡海云捐助。民国二十四年（1935），胡海云捐巨款修筑白沙河河坝2000米，堤坝上遍植杨树、柳树，水患得到遏制，胡氏后人皆感念不忘。

4. 家训教化

与宗族组织比较松散相一致，胡氏宗族没有严格的成文族规。但没有族规不等于没有行为规范。胡氏祖祖辈辈安身立命、为人处世、修身治家的生活经验到第十世胡峄阳时进行了全面总结,并得以理论提升,结集成册,名曰《竹庐家聒》,被胡氏后人尊为家训,代代相传。

《竹庐家聒》共十篇,即:《防子弟欲事便口辞》《示子弟戒斗便口辞》《示子弟远赌便口辞》《示子弟读书便口辞》《苦甜吟》《防幼儿善恶邪正出入门户便口辞》《示幼儿知法便口辞》《示幼儿趋吉避凶便口辞》《示基福便口辞》《示益寿便口辞》。[1]家训从子弟的行为养成着眼,把严防子弟沾染恶习放在首位,告诫子弟要区分善与恶,邪与正,远离邪恶,向善行正,以此保生命之安,享生命之乐。[2]胡氏耕读传家的传统在《竹庐家聒》中也有体现,第四篇《示子弟读书便口辞》强调读书的快乐,"别无事,且把书念。细细嚼,漫漫钻,无限滋味在眼前。"关于耕读传家,胡海云在《祭父文》中提到胡峄阳"遗嘱十一字以诠耕读,曰:'屋要小,地要少,多念书,休考。'世守弗渝。"这样的遗嘱内容实在罕见,在胡峄阳生活的时代,为科举考试而读书是社会主流价值观,是读书人的最高目标。而胡峄阳与此相反,留下"多念书,休考"的遗训,其实这是胡峄阳对科举考试的理性认识。对偏远乡村农家子弟来说,能入私塾,读些《三字经》《百家姓》之类蒙书已经不易,能进县学读四书五经便是凤毛麟角了,至于参加科举考试,那是十分渺茫的事情,清朝科场流传的谚语是"一命二运三风水,四积阴德五读书",科场竞争之激烈造就许多白发童生,无权无势的农家根本承受不起。所以胡峄阳强调的是快乐读书,踏踏实实生活。对此遗训,胡氏"世守弗渝"。

宗族研究表明,宗祠、宗谱、公产、族长、族规是宗族文化的重要元素,这种观点建立在典型宗族研究的基础上,典型宗族一般具有官宦背景,社会、经济势力雄厚。但我们考察胡氏宗族发现,族中有宗祠、宗谱、微薄的公产,没有威严的族长,也没有严格的族规,反映出平民宗族文化的特点。平民宗族尽管组织松散,但在祖先崇拜方面与典型宗族是一致的,都体现了人们对自身历史感和归属感的需求。

---

[1] 青岛峄阳文化传播有限公司. 胡峄阳文集 [M]. 上海:上海古籍出版社, 2011.
[2] 孙顺华.《竹庐家聒》的家训特点及当代启示 [J]. 东方论坛, 2015, (4).

三、社会转型中的胡氏宗族文化

1949年后，政府通过一系列政治运动，将国家权力渗透到农村，行政组织、体制、指挥等环节在乡村正式确立，社会运动和意识形态斗争使宗族活动失去了原有的合法性，宗族文化受到抑制。在这种大环境下，流亭胡氏宗族活动几乎绝迹，胡公祠成为流亭村公共财产，失去敬祖祭祀功能，曾被用作学校、磨坊。

尽管形式上的宗族活动停止30年，但植入乡民心中的宗族文化意识始终未灭，祖先留下的安身立命、为人处世的遗训也一直规范着后人的行为，宗族文化心理结构在胡氏后人身上表现出强大的持续性和影响力。生于70年代初的胡文涛在《眷恋乡里》一文里说，自己家风严格，其祖父从小就教育他们"急惰乃杀身之毒汁也""不能吃了上顿忘了下顿、要过日子""不准赌博""要好好读书""正南八北人家，要讲点礼数""要孝敬老的"，等等。这些训诫与胡氏世世代代共守的为人处世的标准完全一致，与胡峄阳的《竹庐家聒》如出一辙。

改革开放后，胡氏宗族活动重新活跃起来。《洼里村志·大事记》载：1987年除夕，村民胡保德用文官木为胡氏十世族胡峄阳及妻江氏、战氏，子胡映黎各修木主一尊，并制作"报本追源"横匾一帧，摆放、悬挂于流亭胡公祠，胡氏后人又开始延续终止30多年的春节祭祖活动。值得注意的是，对胡峄阳的祭拜已不限于胡氏后人，每年农历正月十五，周边乡邻也成群结队前来焚香膜拜，平日还有胶东沿海一带客商及渔民前来拜谒。

除了恢复宗祠祭祀，胡氏后人还捐资重修族谱。《洼里村志·大事记》载：2006年5月24日，由流亭胡孝华、洼里胡宝恩首倡，在流亭召开续修《即墨胡氏族谱》大会，并在流亭设立联络处，洼里设联络站，续修胡氏族谱工作启动。至2008年8月，五易其稿，终于完成谱书全稿，冠名《青岛流亭胡氏族谱》付梓印刷。谱书共收录25300余人，遍布50余村庄。

作为青岛开埠后进出青岛的必经之地，政府征地修路等举措促使流亭、洼里从上世纪90年代加快了新型城镇化进程。从经济方式上，两村都大力发展村办企业，特别是90年代中期以后，通过多种渠道招商引资，建设工业园区，原有耕地转为工商企业用地，传统的农耕经济逐步退出。从村居面貌上，2000年后，因修筑青银高速连接线，两村动迁，旧村改造得以快速实施，两村建起了一座座新居民楼，在胡氏世代繁衍生息的土地上，老旧的村落变成了现代新城镇社区，村民也由农民摇身一变而成新型城镇社区居民。

在新型城镇化过程中，胡氏宗族文化随之转型，富裕起来的胡氏后人把对祖先的敬拜集中到胡峄阳身上，调查、编选、刊印胡峄阳传说故事。① 出版胡峄阳遗书，② 修建胡峄阳文化产业园。胡峄阳文化产业园占地5万多平方米，总投资约1.2亿元，有胡公祠大殿、观音殿和云屿阁三大主体建筑。其中胡公祠是瞻仰祭祀场所，祠内祭器幔帐琳琅满目，堂内挂对联一副，上联曰"欹而不欹，乱而不乱，居之唯崂山最稳"；下联曰"儒也为儒，仙也为仙，精神与墨水同长"。祖先祭祀是根植于中国人心中的精神寄托，在传统村落向现代城镇社区转变过程中，保留这一精神活动场所，满足了居民报本追远的心理需求，有益于传承传统宗族文化中团结互助、讲究伦理道德等合理内核，也利于丰富小区居民精神文化生活。

民族民俗问题学者李松认为：农村城镇化过程中，原有的生活共同体即村落，还保持着大致的轮廓。村落文化保护，"最理想的应该是利用性的保护，就是激活它的传统，并使它在现代的发展能产生现实效益。"③ 胡峄阳文化产业园可以说是对原有村落文化的利用性保护，至于实际效益如何，还需要时间验证和进一步跟踪研究。

---

① 2013年5月，"胡峄阳传说"入选山东第三批省级非物质文化遗产名录，见 http://www.shandong.gov.cn 鲁政字〔2013〕90号。

② 据《洼里村志·大事记》，2006年，洼里村民胡孝奇捐资出版胡峄阳遗书《易象授蒙》和《峄阳先生诗选》一函两册；北崂社区胡孝彬捐资出版《竹庐家聒》。2011年，冠名青岛峄阳文化传播有限公司编的《胡峄阳文集》由上海古籍出版社出版，包括《易象授蒙》《易经征实》《柳溪碎语》《胡峄阳诗选》《竹庐家聒》一函五册。

③ 李松. 城镇化进程中乡村文化的保护与变迁 [J]. 民俗研究，2014.

文化自觉与乡村文化传承

——基于青岛市东流亭社区的调研

孙顺华　唐　芳

【摘要】费孝通先生从对少数民族开展的微观研究中提出文化自觉概念，强调文化主体要有自知之明，在社会转型中发挥原有文化特长，自觉、自主地进行文化选择以谋求生存与发展。借鉴文化自觉理论分析乡村文化传承，青岛市东流亭社区的胡峄阳文化是一个典型案例。东流亭社区在从传统农业村落向现代城镇社区转型过程中，以本土历史文化名人胡峄阳的行迹、著述、传说、信仰为基础，以胡峄阳文化园为公共空间，实现对本土传统文化的传承。这一案例说明乡村文化传承有自然遗传的一面，但在社会转型中，乡村文化传承不是复旧，不是原封不动的继承，而是适应社会转型的重构和创新，既要满足乡民不忘本来、有所寄托与归属的精神需求，也要有助于解决乡村谋生存求发展的现实问题。

【关键词】文化自觉；乡村文化传承；胡峄阳文化

"文化自觉"是费孝通先生于1997年在北京大学举办的社会学人类学高级研讨班上提出的一个概念。何谓"文化自觉"？费孝通先生说："文化自觉是指生活在一定文化中的人对其文化有'自知之明'，明白它的来历、形成过程、所具有的特色和它发展的趋向。"也就是说，文化自觉体现为文化主体的自知之明，即知道自己是谁，从哪里来，到哪里去。文化主体为什么要有自知之明？费孝通先生说是"为了加强文化转型的自主能力，取得决定适应新环境、新时代文化选择的自主地位"①。这一理论提出后，引起学界广泛讨论和阐释，近年来已进入国家文化战略和政策层面。2017年，中共中央、国务院发布《关于实施中华优秀传统文化传承发展工程的意见》，强调增强文化自觉和文化自信，把中华优秀传统文化传承发展工作列入重要工作日程。②从宏观背景看，在经济全球化后，面对现代化的冲击，面对中西文化的长期争论不休，中华文化的走向事关中国发展前途，费孝通先生因此提炼出了著名的"各美其美，美人之美，美美与共，天下大同"③的世界文化多元和谐发展的主张。文化自觉理论无疑是对经济全球化背景下中华文化的走向这一重大问题的回应，但容易被人忽视的是其理论起点其实是微观研究。费孝通先生在20世纪80年代末到内蒙古鄂伦春族聚居区考察，90年代末到黑龙江赫哲族聚居区考察，通过考察，他认识到现代化趋势不可阻挡，在现代化大潮下，鄂伦春族世代相传的狩猎饲鹿文化、赫哲族世代相传的渔猎文化都难以保持不变，他们只有从文化转型上求生路，发挥原有文化的特长，才能求得自身的生存与发展。他说："我在提出'文化自觉'时，并非从东西文化的比较中看到了中国文化有什么危机，而是对少数民族的实地研究中首先接触到了这个问题。"④费孝通先生的文化自觉观点和相关研究方法，对我们认识当今的乡村文化传承有很大启发。本文在地方志研究和实地调查访谈的基础上，借鉴文化自觉理论，以青岛市东流亭社区为个案，探讨城镇化进程中的乡村文化传承表现出什么特点，应如何平衡传统与创新的关系，如何以文化传承来获取社会转型中的生存发展资源等问题。

---

① 费孝通. 反思·对话·文化自觉[J]. 北京大学学报（哲学社会科学版），1997（03）：15-22，158.
② 中共中央办公厅 国务院办公厅印发《关于实施中华优秀传统文化传承发展工程的意见》[EB/OL].（2017-01-25）[2020-11-08].http: //www.gov.cn/zhengce/2017/01/25/content_5163472.htm.
③ 费孝通. 经济全球化和中国"三级两跳"中的文化思考——在"经济全球化与中华文化走向"国际学术研讨会上的讲话[J]. 中国文化研究，2001（01）：2-8.
④ 费孝通. 关于"文化自觉"的一些自白[J]. 学术研究，2003（07）：5-9.

一、一个北方乡村文化传承的案例：东流亭社区的"胡峄阳文化"

中国幅员辽阔，在长期的历史发展过程中，形成了多元的、丰富的区域文化，"十里不同风，百里不同俗"就是这一情况的生动反映。各个乡村基于各自独特的地理位置、自然资源、风俗习惯、人文信仰、生计模式等，形成了各不相同的村情和文化小传统。青岛市东流亭社区是一个具有鲜明区域文化特点的社区，其居民认同的特色乡土文化是胡峄阳文化。笔者在东流亭社区实地调研两个月，期间参与胡峄阳文化园的多项工作，对多名社区干部和居民进行了半开放式访谈，并在村委会的协助下进行了问卷调查，收集到大量第一手资料，可以佐证文化自觉与乡村文化传承的关系。

1. 东流亭社区的基本村情

东流亭社区及邻村西流亭社区、洼里社区的历史可追溯到明朝永乐年间，域内记载最早的姓氏是胡姓，同期还有周氏。其中洼里、东流亭以胡姓为主，西流亭以周姓为主。明清至民国时期，由于集市商贸聚拢人气，胡、周、许、王、吴、黄、刘等姓氏纷纷定居流亭，东流亭村逐渐发展成为一个以胡姓为主、多姓聚居的村庄。按照《东流亭社区志》的记载，2010年东流亭社区统计的户主姓氏情况是：全社区共有814户2130人96个姓氏，其中胡氏人口占全村人口总数的48.1%，王氏占10.8%，刘氏占6.7%，其他姓氏占比较小。东流亭是进出青岛的必经之地，青银高速从此经过。20世纪90年代，政府征地修路等举措促使东流亭加快了新型城镇化进程。2007年，东流亭村民集体表决实施旧村改造，此后东流亭村改称"东流亭社区"。政府修路筑桥使东流亭社区享有交通便利，但由于修建基础设施的原因，社区的土地被分割得比较零碎，难以集约经营。从目前社区的经济状况来看，社区的私营经济相对来说发展较好，而集体经济形式比较单一，只有土地租赁和商铺租赁等形式①。从传统农业村落到现代城镇社区，东流亭居民的生活方式随社会变迁发生了重大变化，许多年轻人进城发展，但总体来看原有的村落共

---

① 《东流亭社区志》编纂委员会. 东流亭社区志[M]. 北京：方志出版社，2014：3, 11, 100–101.

同体基本上还保持着。

2. 胡峄阳行迹、著述、传说及村民信仰

作为村落共同体的东流亭，其居民虽然姓氏众多，但长期聚居使他们具有一定的文化认同，尤其表现为共同尊崇和信仰胡峄阳。

胡峄阳（1639—1718）生活于明末清初时期，是东流亭大族胡氏宗族的十世祖，地方志书《莱州府志》《即墨县志》《崂山志》等把他作为文化名人载入地方史册。《即墨县志》载："胡翔瀛，字峄阳，生有异禀。精研《周易》，于濂洛之学别有微契。家贫甚，一介不苟取。蓬室瓮牖，悠然自适。雅工制艺，视进取之途泊如也。年七十余预示死期，无疾而逝。所著有《柳溪碎语》《易大象说》等书，存于家。"[①] 从地方志书的记载看，胡峄阳一生清贫，淡泊功名，德行高洁，学识渊博，对宋明理学有研究，尤其精研《周易》。《东流亭社区志》对胡峄阳的记载更为全面：他16岁通过了县学的童试，后入崂山古刹慧炬院就读；他一生与隐居名士志趣相合，诗书往来，留下不少诗文，收录于《柳溪碎语》《寒夜集》；他20岁开始在流亭和即墨县城授徒教学，是私塾先生；他注重对子弟的培养教育，所著的《竹庐家聒》一卷和《女闲》一卷被奉为胡氏家训，对东流亭村风的形成也有影响；他致力于研究《周易》，留下《易象授蒙》《易经征实》等著述，当时慕名请教者众多。[②]

胡峄阳对《易经》的研究独辟蹊径，他把研读《易经》、博览群书与观察生活结合起来，曾指出崂山地区"大谦不谦，大乱不乱"，这与300多年来崂山地区自然、社会发展变化规律基本相合。他结合《易经》推演天道人事，预测天文变化、地理气象、风雨旱涝，其中不乏灵验之处，这是他逐渐被神仙化的原因之一。在以流亭为中心的广阔区域，有关胡峄阳的民间传说很多，传说他先知先觉，能掐会算，曾多次帮助当地百姓规避灾祸，民间逐渐把他当作料事如神的神仙"胡三老爷"而顶礼膜拜。

对胡峄阳的信仰源自胡氏宗族的祭祀活动，而多姓聚居的村落共同体和

---

① 《即墨县志》办公室. 即墨县志（清乾隆版）[M]. 北京：中国和平出版社，2005：179.
② 《东流亭社区志》编纂委员会. 东流亭社区志[M]. 北京：方志出版社，2014：355-359.

传说故事则使胡峄阳信仰远远超出胡氏后人的范围。胡峄阳是胡氏宗族的荣耀和标志性人物,他辞世后胡氏后人建祠(即胡公祠)祭祀,香火不断。虽然1949年后公开的祭祀活动有所减少,但在20世纪70年代后期,个别村民开始自发前来祭拜,此后祭祀活动很快兴盛起来,村里便派出专人负责管理胡公祠日常事务。每逢初一、十五以及重要节日,特别是每年农历正月十五,前往胡公祠祭拜者甚众,拜祭者包括胡氏后人、村内其他姓氏村民,以及周边信奉胡峄阳的乡邻。

上述胡峄阳祭祀活动、信仰仪式及相关传说的传承,属于民间文化的自发自然传播,说明乡村文化传承的脉络蕴藏于当地民众的社会生活中。美国文化学者怀特先生在其所著的《文化科学》一书中说:"文化的重大特征之一在于,它可以通过非生物学的方法而获得传播。不论在物质的、社会的以及意识形态的任何一个方面,文化极易通过社会机制而从一个人、一代人、一个时代、一个民族或一个地区,传播给另一个人、下一代人、新的时代、其他民族或地区。可以说,文化是社会遗传的一种形式。我们把它看成一个连续统一体,一系列超生物、超肉体的事物和事件,它们随着时间的推移而世代相传。"① 怀特的这一阐述突出文化传承中自然遗传的一面,但应该看到文化的自然遗传在重大社会转型的冲击下可能会走向自然遗失。一般来说,新生代对古老文化、古老的人和事具有本能的淡漠。我们在东流亭采访中,一位年轻妈妈谈道:"现在已经很少给孩子讲胡峄阳的故事了,孩子对这个也不是很感兴趣。"这番话基本反映了年轻人对传统文化的态度。由此可见,除了文化的自然遗传,文化传承必然需要另一面,即文化主体顺应时代发展趋势进行自觉创新和自主选择。

3."胡峄阳文化"的提出

如果说胡峄阳祭祀、胡峄阳信仰、胡峄阳传说是胡氏后人和信奉者代代相传的习俗,那么"胡峄阳文化"则可看作是传统习俗在新形势下的整合与重构。"胡峄阳文化"的概念是随着东流亭城镇化进程和旧村改造计划的实

---

① 倪建中. 国家地理(上)[M]. 北京:中国国际广播出版社,1997:73.

施而提出的，引领胡峰阳文化建构工作的是村委会胡主任，他年轻时在外经商致富，后来回到东流亭，2004年高票当选村主任，2007年兼任村党总支书记。他在访谈中说："胡峰阳是我们的十世祖，有这么一个人我们都觉得自豪。我从小就听老人讲这个（笔者注：指胡峰阳传说），他们是从迷信的角度（讲的），到我们这里就应该从文化角度来衡量它，将它发扬光大，别叫它失传了。"作为一名土生土长并有成功经商经验的人士，胡主任熟悉民俗民情，了解市场运作以及文化产业发展规律，在组织撰修族谱、挖掘和整理制峄阳文集和传说的过程中，他逐渐萌生了把胡峰阳文化做成文化产业的想法。趁旧村改造的机会，以胡峰阳文化为符号资源发展文化产业的想法得以落实。他说："到了旧村改造，我们开始觉得以前那个庙（笔者注：指旧胡公祠）太小，不适合将来峄阳文化和文化产业的发展了。"随着旧村改造计划的制定与实施，以胡峰阳为象征符号，以胡峰阳文化园为物质载体，东流亭社区有了既满足村民情感和精神需要，又适应社区生存发展需要的公共文化空间。

胡峰阳文化园刘主任是一位返乡退伍军人，他回忆说："最开始是现任村委会胡主任找我收集一些胡峰阳的资料，我们是邻居，他知道我有这个兴趣。我就是想留一点东西，让后代知道有这么一个人存在，别忘了本。"刘主任近作《峄阳仙人赋》，赞颂胡峰阳"立德立言君子固穷，宏义宏道独擅风骚。屋不喜阔，书只嫌少。韦编绝时，不知窗外天晓；石梁卧处，好听涧上松涛""先生之德，皑皑白雪；先生之性，渺渺清波；先生行踪，雾幕云遮"。500多字的《峄阳仙人赋》对胡峰阳的高洁品行和博学多识、对崂山地区的山水风物、对胡峰阳为百姓排忧解难的传说等，作了富有文采和想象的描述，从中可窥见东流亭乡村精英丰富的精神追求和深厚的文字功底。

二、乡村文化传承中的守正与创新：建构和传播胡峰阳文化

胡峰阳文化是东流亭社区在城镇化进程中，以胡峰阳行迹、著述、传说、信仰为基础，对本土传统文化的一种传承，这种传承不是复旧，而是对传统文化的整合、创新与重构，既为了满足社会转型中不忘本来、有所归属的精

神需求，也为了解决社会转型中谋生存求发展的问题，充分体现了文化主体的文化自觉精神。现任村委会胡主任履职后，成立了胡峄阳文化挖掘小组、专门负责胡峄阳著述、传说的搜集、整理和出版工作。根据政府传承优秀传统文化的政策精神，东流亭社区积极争取地方政府的支持和帮助，在资金、土地、宣传等方面推动胡峄阳文化的发展，拓展其与社区现实生活相关的文化和经济价值，还创新传播形式，增加传播渠道，利用书籍、电视、广播、自媒体等多种方式提高胡峄阳文化的影响力。

1. 整修旧籍，思想传承

胡峄阳一生追求学问，博览群书，几十年间笔耕不辍，著述丰富。但随着岁月的流逝，胡峄阳著述多散落民间，鲜有人知。20世纪90年代末期，东流亭村开始四处收集并整理胡峄阳著作，2006年，胡氏后人印行《易象授蒙》《峄阳先生诗选》二书；2011年，以青岛峄阳文化传播有限公司之名出版《胡峄阳文集》，内含《易象授蒙》《易经征实》《柳溪碎语》《胡峄阳诗选》《竹庐家聒》共五册图书[①]，胡峄阳著述被以文集的形式出版并得以在较大范围内传播。另外，近百年来胡峄阳传说多以口耳相传的方式传播，为避免传说失传，胡峄阳文化挖掘小组开展了抢救工作，他们采访老人，收集整理胡峄阳传说，并将其编撰成文。2011年第一本《胡峄阳传说》正式出版[②]，2018年《胡峄阳传说（续辑）》出版[③]。胡峄阳传说涵盖济世救困、赐福攘灾、诲人化善、料事如神、现身施法等内容。2013年，胡峄阳传说被列入山东省非物质文化遗产名录；2014年，又被列入国家非物质文化遗产代表性项目名录。

2. 修建文化园，仪式传承

胡峄阳在东流亭及周边村庄拥有众多信众，百姓家中办红白喜事都会提前到胡公祠祭祀，求学、经商、外出等亦是如此。原胡公祠仅有几间小屋，

---

① 青岛峄阳文化传播有限公司. 胡峄阳文集[M]. 上海：上海古籍出版社，2011.
② 青岛峄阳文化传播有限公司. 胡峄阳传说[M]. 北京：九州出版社，2011.
③ 青岛城阳流亭峄阳文化园. 胡峄阳传说（续辑）[M]. 青岛：中国海洋大学出版社，2018.

入口处狭窄,重大节日祭祀时门口总是拥堵不堪。东流亭村利用旧村改造的机会,经村民表决及上级政府批准,专门辟出一块地皮修建了胡峄阳文化园。修建时村干部带头捐钱捐物,村民们也纷纷慷慨解囊。胡峄阳文化园占地1.6万平方米,其间设有瞻仰祭祀场所——峄阳公祠、教育传承基地——云屿阁、文史研究园地——竹庐书院、漫步先贤文苑——柳溪园林等文化地标,为传承和发展胡峄阳文化提供了充足的文化空间。一位胡姓老人在谈及胡峄阳文化园时说:"以前只是很空洞的口口相传,一代一代的讲一些故事,只是一些很空洞的东西。文化园一建立,就有了实物现场,就可以集中地把这个精神延传下去。每逢过年过节,村民都会过来拜祭,这是祖祖辈辈的信仰。不止我们村,百十里的人都会过来。"其他的村民在受访时也提及"以前很挤,现在文化园建立了以后,地方大了""以前我们在胡家祠堂祭祀,但是不隆重,环境也没现在这么好"。胡峄阳文化园的建立,为胡峄阳文化以及信仰的传承提供了实地空间,使无形的胡峄阳文化变成了一种可触摸、可感受的实体。

3. 著书入学,精神传承

和众多的传统文化一样,胡峄阳文化在中老年人群当中影响较大,但对年轻一辈而言,传承了几百年的胡峄阳传说仅是老人口中的故事、村里的文化标志,只是一个文化符号而已。为了让更多青少年了解胡峄阳文化,2009年在村委会的支持下,当地小学将胡峄阳文化引入校本课堂,并于2010年编辑、刊印了书籍《峄阳文晖》。目前,青岛市已有13所中小学将峄阳文化引入课堂,累计达460课时。采访过程中,不少村民对胡峄阳文化进校园表示支持,认为其对传承胡峄阳文化具有重要作用。一位专事胡峄阳文化整理和胡氏族谱编撰的胡氏老人认为:"胡峄阳文化对于教育后代有很大的好处,我们整个家族对他的家训都是很认可的。从小教育孩子怎么样做人、做工作,怎么样看世界,给他一个正确的路子,这是胡峄阳思想的关键。"随着胡峄阳文化影响力的逐渐扩大,它也引起了学界的追踪和研究,胡峄阳文化园对此项工作非常重视,积极配合学者的调研工作,胡峄阳文化园的主要负责人称:"我们希望能够多有一些有学识、有能力的人来研究我们祖先的文化,帮助我们发扬光大。"

4. 融合发展，求变求新

乡村文化传承结合时代的要求，求变求新，才能实现更好的传承与发展。胡峄阳文化园在将胡峄阳文集和传说编撰成册的基础上，进一步将胡峄阳文化与柳腔、古筝、朗诵等传统艺术结合起来，丰富了胡峄阳文化的表现形式。根据胡峄阳事迹改编的《胡影寻父》《胡峄阳求学》等小品、戏剧在惠民演出中深受观众喜爱。为了让胡峄阳文化进一步走入居民生活，胡峄阳文化园每周三都会举办峄阳文化大讲堂活动，其内容主要为峄阳故事以及相关的民生知识。活动吸引了东、西流亭以及附近村庄的众多居民并深受大家喜爱，如今入讲堂听讲已经逐渐成为当地村民的一种生活习惯。文化园刘主任称："我希望周三的这个活动能变成大家的习惯，让大家觉得没有这个事我就不得劲。"在胡峄阳传说成为省级、国家级非物质文化遗产后，胡峄阳文化吸引了众多媒体的报道，在提高胡峄阳文化知名度的同时，也为胡峄阳文化产业的发展带来了契机。东流亭社区依托胡峄阳文化开设的茶叶市场增加了当地居民收入。此外，胡峄阳文化园还将胡峄阳文化与当地的自酿酒结合起来，推出峄阳家酒品牌。当地一方面完成了收集整理史籍资料、重新修建祭祀场所等前期工作，一方面在传承传播方式、文化经济相结合等方面不断求新求变，以求在新的时代背景下使胡峄阳文化焕发出新的活力。

三、加强文化自觉：乡村文化传承的责任和使命

自20世纪90年代以来，受益于国家的有关政策，东流亭村民保护与传承自身传统文化的内在动力和热情被逐步激发出来。经过20多年的艰苦工作，胡峄阳文化得到良好发展，其内涵不断丰富，传播方式不断更新，为村民提供了精神信仰，丰富了村民的精神文化生活，并在文明和谐社区建设中发挥着积极作用。对于胡峄阳文化的传承和发展，东流亭村委会和文化园相关负责人在访谈中都表达了强烈的责任感和使命感，但他们也意识到有些问题亟待解决。

1. 正视文化认同中的年龄断层

随着我国城镇化的推进，城市对年轻人的吸引力明显提高，年轻人不断

进城务工或生活，对乡村文化日渐陌生，乡村失血、空心化成为普遍现象。东流亭社区的常住居民60%以上都是中老年人，对他们来说胡峄阳是信仰，他们非常重视祭祀仪式。调查中一位老人称："我每年都会去文化园祭祀，遇到重要的事情，在胡公祀祭祀后，自己家里还会摆供祭祀。"而青年人群对胡峄阳文化相对淡漠，也很少主动参加祭祀等活动。此外，在胡峄阳文化园每周三举行的峄阳文化大讲堂活动，以及峄阳柳腔艺术团不定期开展的惠民演出中，参与活动和观看演出的基本是接近耳顺之年的老人，有时这些老人也会携孙辈前来参加活动，但孙辈重在玩乐，对以柳腔等传统文化形式表现的胡峄阳传说缺乏兴趣。访谈中，有老人提道："如今的小孩爱玩的爱听的多了去，根本就不会听这些，也就是我们这些老人喜欢。"

在媒介与现实日渐融合的当下，东流亭社区充分利用媒体渠道，以期通过创新传播方式扩大胡峄阳文化的影响力。胡峄阳文化园建有自己的微信宣传平台，每周三会定时上传内容，主要是胡峄阳传说故事，有时也发布胡峄阳文化园的活动内容，但总体来说其话语表达方式偏重传统媒体思维，难以吸引年轻一代，其公众平台关注者不多，且从关注者头像以及评论话语的表达方式来看基本为中老年人，青年关注者甚少。在建设微信平台的同时，胡峄阳文化也逐渐进入了传统媒体的视野。青岛电视台等青岛当地主流媒体曾多次发布有关胡峄阳的报道，但由于电视及报纸等传统媒体逐渐式微，而深受青年一代喜爱的新媒体对此却少有报道，长此以往胡峄阳文化的信仰基础恐难以扩展至年轻一代。胡峄阳文化要想获得长远发展，必须基于足够广泛的文化共识，尤其要获得青年一代的认同，因为他们是传统文化未来的传承者。目前胡峄阳文化虽然已经通过行政途径走进中小学，但要想获得足够的文化认同还需要寻求更多的途径和方式。

2. 突破产业发展中的资金与人才困境

传统乡村文化产生于特定时代。要在新时代背景下推动其发展，必然不能因循守旧，而是要在保护的基础上赋予其新的生命力，产业化发展不失为一条出路。胡峄阳文化建构的初衷除了传承传统文化外，还试图以胡峄阳文化为依托，发展胡峄阳文化产业，通过经济变现来扩大胡峄阳文化的影响力，延续其生命力。按照产业发展规律，资金和人才是两大支撑，而这正是胡峄阳文化产业发展面临的主要瓶颈。胡峄阳文化园现挂靠在流亭社区委员会，属于非营利性质的文化事业，其资金来源主要是民间捐赠以及政府补贴。尽管胡峄阳传说被列为国家级非物质文化遗产，但每年的财政拨款远不能支付文化园的各项开支，文化园实际上处于入不敷出的亏损状态。因此胡峄阳文化园工作人员薪资较低，有的甚至为长期志愿服务者，仅在节日由村委发放部分福利。文化产业的发展需要专业人员，而适应胡峄阳文化产业发展需要的专业人员，应既熟悉与尊崇胡峄阳文化，又必须具备市场思维与产业意识，这类人员对胡峄阳文化的发展至关重要。村委会胡主任在采访中提道："在这个过程中，就要想着有些东西可以用文化运作经营。你比如说峄阳家酒，这是我们的尝试，利用峄阳文化做相应的产品，但现在的问题是我们缺乏这方面的专业人才，目前的工作人员擅长的是研究文化但不擅长做产业。"确实，熟悉和信仰胡峄阳文化的中老年人缺乏市场及创新思维，而具备创新思维的年轻人又缺乏对胡峄阳文化的了解与信仰，加上资金困境，胡峄阳文化园缺少新鲜血液注入。传统文化的振兴不能仅依靠保护，也需要建立其与经济、信仰等内容的联系，使其成为人们日常生活中不可或缺的一部分。东流亭社区的贤达人士对此有清醒的认识，但目前还缺少有效的解决办法，发展胡峄阳文化任重而道远。

综上，东流亭胡峄阳文化提供了乡村文化传承的一个典型案例，从胡峄阳文化的传承发展来看，文化主体以良好的文化自觉性，在充分挖掘保存特色文化的同时，融汇吸纳了现代的市场意识与传播方式，并与多种艺术品种相结合，丰富了胡峄阳文化及其表现形式。尽管面临文化认同中的年龄断层以及产业发展中的资金人才短缺等困境，但总的来说胡峄阳文化与现代文明在东流亭社区形成了共存共荣的良好局面。今后在创新传播方式、丰富现代化表现形式、引进产业化人才等方面开展有效工作或将更有利于其长远发展。

胡峄阳《寒夜集》校点

即墨胡翔瀛峄阳氏 著　裔孙鹏昌 恭校　柳清泉 校点

庄子曰："虚室生白，吉祥止止。"善哉言也，譬诸星斗之灿烂，山水之秀洁。紫阳曰"黑窣窣的，猫子狗儿相似"，可哀也已。

"如登春台，如享太牢"，好也。

陆子曰："翼乎若鸿毛遇春风，沛乎如巨鱼纵大壑。"快也。

击壤而歌，安也。

鹰化为鸠，见月令者，顺也，喜之也；鸠化为鹰，不见月令者，逆也。桃华于春，众也；梅华于腊，独也。

万物生于土，长于土，可寿也。人而无实，浮萍也，寄生也。

堂堂者熟，庄庄者冷，扬扬者亲，方方者疏，情也。君子则不疑其所行也。

庄子曰：哀莫大于心死，而身死次之。子产乘舆济人，春生也。

小人附和，庸人雷同，君子亭亭然、矫矫然。

苏武之节，诸葛武侯之才，郭汾阳之量，兼之者难矣。

枯杨生稊，有喜也。

孔子相师，元气也。寝不尸，中礼也。

曲体万物之情者，圣人也。

圣人之性如土，万物依之而生。

心无偏繋最难。

木欣欣以向荣，泉涓涓而始流，生意可观也。

子而孚化之，众好者翼飞之，则吾道行矣。横渠先生言之，欣欣也。羽毛不丰满者，不可以高飞。义理人之羽毛也，必充足而后达，是达也，非闻也。

人心放不下，道心提不起。放下人心，提起道心，便是大丈夫。

龟之神历年多，知来犹知往也，寿耇（gǒu，长寿）也。

上即下也，前即后也。四方皆然，无区画也，心与之准。

流注想偷则自行，禅家忌之，吾儒慎之。

濂溪先生教程子寻孔颜乐处，善教也。他日程子曰：凡言乐处，须知所乐何事。善继志也。

初筮告，再三渎，渎则不告。初元极也，虚灵能告也。

不可思议，必欲思议之，妄也、病也。

凡物之数，凑也，遇也。一凑二成三，凑四成五，向也；一凑三成四，凑五成六，背也。向则顺，顺则行；背则逆，逆则藏，一遇三遇五，同也；一遇四遇六，异也。同顺合，合则得，得则兴，兴则成；异则离，离则失，失则废，废则败。日登于天则昼，入于地则夜，心存则明白，心亡则昏黑。

太极何物也，目鳏鳏然不能寐也，顾望无所瞻见也，鹿鹿无所依也，果然单独也，一似夫穷民而无告者。

拘与蔽为邻，气与欲成奸。

格物要善，昔有竹者，诗云"未出土时先有节，便凌云去也无心"，善矣！彼七日致疾者何为？

越鸡不能伏鲁卵，莽蜂不能化藿蠋。是以君子实势分也。

兔丝无根而生，精藉也；蛇无足而行，气动也；蝉无口而鸣，神流也，皆天机也。问其然，曰不知也。

凡言之浅而无补者，君子不立。

李青莲诗云：有客常同止，取舍邈异境。一士长独醉，一夫终年醒。醒醉还相笑，发言各不领。善言也。

程子曰：仙家养形，以夺既衰之年；圣人有道，以延已衰之命。只为有这道理。又曰：虽是天命，可以人夺也，补造化之言。

性为太极。朱子云：满山碧绿青黄，无非是这太极。

亨利继至，元气在内，物忘之矣，（理）不可忘也。

伊川先生之言，荒年谷也。

寂然、漠然、凝然，静境也。

探索者劳，自得者逸。劳者人成，逸者天成。

颜子之学，清也。清则明，明则定。

陶靖节先生，不以饥寒动心，百世之师也。

庄子象罔得元珠之说，精则精矣，开佛氏之法门。

无昼不夜，无秋不春，天道也。有坐必起，有寐必醒，人事也。得时则兴，背时则废，物理也。贤者守时，不肖者守命，鹖冠子别有说也。

天下本无事，庸人自扰之。若循物无违做去，便无事矣。庸人好自用，故忧也。在物为理，处物为义。理綮缺也，义则庖丁之刀，批之导之而已。

庖丁解牛，因其固然，技经肯綮之未尝，而况大軱乎？善处物者也。洞酌之诗：蔼乎若春阳之温，泛乎醴酒之淳。君子三复此篇，可以出而仕矣。泛若不系之舟，亦自受用，然中有主才好。

成康之世，有诗无风，一道同风也。

达后方舍，惟达故舍，达难也。

心存诚敬，不如无心，难言也。

春风化物，和也入也。

学者对明道先生，如在春风中坐，善接引也。

子程子曰：世人只为一齐都在昏黑迷暗海中，拘濡执泥坑里，便事事动转不得，没着身处。须知虚灵不昧之所，活泼泼地，乃是安身立命处。

体一而用和。

颐卦，日用者也，君子依乎此也。动而止之，观象也；动而不止，生机尽矣，故艮也。

鱼不畏纲而畏鹈鹕，圣人无心，不为物所畏。

冻解冰释，融合之象。圣人不凝滞于物，想是这意思。

颜子之红炉点雪，周子之庭草交翠，互用也。但得雪消灭，自然春到来。

贫子有宝珠，谁傲得你。

苦瓠连根苦，甜瓜彻底甜。须要尝。掉了甜桃觅苦梨，焉得智也？

中流砥柱，是奇男子。

养鱼盆沼，救蚁藤桥，是亦经纶手，允之即伊周事业。

子云逐贫，昌黎送穷，柳州乞巧，颜子无是。有事也，不暇为事也。

心有物，四体百骸且照管不来，况天下乎？眼不明，耳目之前且看不见，何论乎千里之外、百年之远矣？

慆慢则不能研精，险躁则不能理性。吃紧语。

玉温润浑厚，君子也；水晶凉薄，小人也。

乡原，德之贼也，圣人以不见亲就为幸。只是磨砻世故，坏了根子，故不可入尧舜之道。曾点见大意，根子清洁了。季武子死，倚其门而歌，又不知生意如何，终不若圣人一动一静，都是发育万物气象。

庄子乘天地之正，御六气之变，以游无穷。煞有的见，只是说来说去，都是讨自家便宜，终不说着照管人的话，故不得入圣人门墙。腐草为萤，朽腐化而为神奇也；鹰化为絮，神奇化而为朽腐也。

庄周梦为蝴蝶，人化物也。蝴蝶梦为庄周，物化人也。鹰化为鸠，恶化为善也。鸠化为鹰，善化恶也，不善化者也。

胎因情有，卵以想生，湿以合感，化以离应。造物不一法也。

狐，飘也；兔，狡也；鸢，窃也；燕，媚也；蜘蛛，机械也；螳螂，奸也；蛇，劫也；蜣螂，庸猥也；蒺藜，疵也，皆小人也。鹿，贤也；雉，介而交也；鸠，拙也；蜂，经济也；蝉，洁己也；螺蠃，教也；蚓，恬淡也；白茅，柔也；芸，善也，皆君子也。孟光举案齐眉，终身不怠，百世女子之师范也。

飞龙在天，乃位乎天德。圣人言之欣然也。

有虞氏惨怛之爱，忠利之教，真如保赤子也。

泰山高矣，绝顶之外，无预于山也，克伐甚么？

只是要养气，无他学也。

太公屠牛，得与道统之传，须知所传何事。

二帝三王以来，混混洪洪，一脉相传，想是这个意思。

发愤忘食，乐以忘忧，圣人愤的是什么物事？乐的是什么物事？此儒家禅也。子邵子曰"自从识得环中意，闲气胸中一点无"，理达也。又曰"去尽风波止存水，世间何事不能平"，气定也。

心要如太古之静，星辰之爽，阳春之和，才有受用处。

子舆氏曰：我善养吾浩然之气。阴符曰：禽之制在气。鹖冠子曰：有人将，得一人气吉；有家将，得一家气吉；有国将，得一国气吉。凶者反此，皆王者之言也。申、吕自岳降，神化人也。传说为列星，人化神也。

禅家学问，虎穴魔宫，实为佛事，酒肆淫房，无非道场，即他山之石，可以攻玉之意。又云：不受烧打磨，难得真赤金。即动心忍性之意。

程子曰：不哭的孩儿谁抱不得？又云：与善人处，坏了人。须是与不善人处，方成就得人。他山之石，可以攻玉。

子程子曰：闭户静坐不难，居广居应天下为难。此儒释之分。

蜀山人，十年不起念，便能前知，只是养的神全了。

消息甚微，神全者能通。

福至心灵，祸来神暗。有使之者。君子清心寡欲，不开悔吝之门。数有所不逮，听之而已。

知其不可奈何，而安之若命；数有所不逮，神有所不通也。

龙能变化，物得而制之者，有欲也；圣人能变化，物不得而制之者，无欲也。卧龙先生无欲，故当时无能有中之者。

周子、郡子、程子、朱子皆优入圣域。横渠先生大则大矣，不知其能神明否也？陆、王，儒家之佛仙也。

象山先生起初云：宇宙内事，皆我分内事。后何不注解六经，教天下万世？乃戏言曰：六经注我，我注六经。此一节便输与紫阳。观《武彝棹歌》

云:"林中有客无人识,欸待人间万古心。"这是何等心肠!

尧舜性之也,万理皆备于身,用不穷者也。下此即汤武不能不穷,况亿兆众人之资乎?故夫子之设科也,四教首文。教颜子先之以博文,不废语言文字也明矣。既而又曰:予欲无言,天何言哉?亦不专恃语言文字也明矣。厥后圣学不明,异端入中国,达摩西来,不立文字,直指人心。见性成佛,惟灭动心,不灭照心。其所谓心性者,念虑未起之前,理气混一,不分黑白者也。异于吾儒道心性善之指矣。千百年来,有宋诸儒起,而阐明道学,濂溪称先。其教程子,每令寻孔颜乐处,所乐何事,引而不发。似禅家作用,非禅也。朱子恐人入于禅,实之曰:私欲净尽,天理流行。发矣!无余蕴矣!朱子之苦心,不得已也!

延平先生教人,喜静坐。又曰:学问之道,不在多言,但静坐体认天理。又教人看喜怒哀乐未发以前气象,亦非禅。朱子无是,防之也。江西黑腰子之说,不知如何,其平日为学,自谓先立乎其大者,读书喜读孟子《牛山章》,《尚书·旅獒》篇,江西大意可见。要之佛氏去根尘的学问,从关尹来,关尹柱下之弟子也。江西收放心的工夫,从孟子来。孟子,孔子之弟子也。洛闽居敬穷理的教术,从孔子来。孔子,尧舜之嫡派也。程子以后,主张理者,未闻有人焉。朱子以后,主张事者,未闻有人焉。四子之书,纷纷不无发明,求其于生民治乱安危之故,血诚相关者,不知有焉否也?

庄子云:造物之报人也,不报其人,而报其人之天。语彻而定。

饮食少则损,过则伤,平为福。

《佛遗经》云:受诸饮食,当如服药。于好于恶,勿生增减。趣得支身,以除饥渴,如蜂采花,但取其味,不损色香。语极善。

《佛遗经》云：汝等当勤精进，譬如小水常流，则能穿石；若行者之心，数数废懈，譬如钻火，未热而熄，虽欲得火，难可得。语极爽。

《佛遗经》云：若得定者，心则不散，譬如惜水之家，善治堤塘。行者亦尔，为智慧水。故善修禅定，令不漏失。心之可畏，甚于毒蛇、恶兽、怨贼，大火越逸，未足喻也。譬如有人手执蜜器，动转轻躁，但观于蜜，不见深坑。又如狂象无钩，猿猴得树，腾跃踔躑，难可禁制。当急挫之，勿令放逸。语最爽快。但佛氏是制的动心，不分善恶。但觉念起，一刀两断，不留根蒂，田地肃清。吾儒是制的妄心，分别善恶。善念起则涵养之，使发荣滋长；恶念起，则遏抑之，不使潜藏于隐微之中，此吾儒之异于释氏者也。

《佛遗经》云：当制五根，勿令放逸，入于五欲。譬如牧牛之人，执杖视之，不令纵逸，犯人苗稼。若纵五根，非惟五欲，将无涯畔，不可制也。亦如恶马，不以辔制，当牵人坠于坑陷。若念力坚强，虽入五欲贼中，不为所害。譬如着铠入阵，则无所畏。语最善。

吾儒亦有诗云：人欲波涛浩渺闲，沦胥溺者不知还。回顾堤头上岸水，认取源头第一关。

《佛遗经》云：世间缚着，没于众苦。譬如老象溺泥，不能自出。佛之所谓缚一切世事也，吾儒之所谓缚，一切人欲也。人欲苦也，天理甜也。孔颜之乐，犹佛氏之波罗蜜也。

为佛氏之学者，持戒精严，不犯罪过。儒家不能戒谨，只是虚见，倒输于他。子程子曰：学始于不欺暗室。象山先生曰：书观诸妻子，夜卜诸梦寐，两者无愧，始可以言学。蔡西山先生曰：独行不愧影，独寝不愧衾。说到此，令人心怍，不敢张口、不敢下笔也。

戒欺如讯囚，只是要教他按实说了；如筑墙，只是要教他靠实立去。所以朱子说，姤卦下画一阴生，五阳皆立不住了。

吾儒之学最难，释道却容易。释道只是要看得一切万缘，皆是虚假，立地放下，一了百当；吾儒却看得一切世事，皆是真实，要处置停当，岂不难？

老氏如枯木死灰，吾儒不要如此，有可生可燃之道。

景生情，情生意，意生气。释氏要对景忘情，断意守气，也甚难为他。人之妄心皆因景生，释氏又要看得一切世事，如露如电，如梦如幻，如泡如影，恐不能如此，又要用洁净心觉照出来，看得一切皆虚假，总归于空。彼又有真空在，故为普超诸有。释者儒之影也，理有未明，曰譬如禅说云云，罕譬而喻可也。

吾儒说本来面目，道家也说本来面目，禅家也说本来面目，各有分辨。道家的本来面目，混混沌沌也；禅家的本来面目，昭昭灵灵也；吾儒的本来面目，明明白白也。

吾儒说一，道家也说一，禅家也说一，各不同。道之一是混沌的事物，释之一是真空的事物，吾儒之一是元善的事物，自尧舜以来，混混洪洪，一脉传来者也。

老游于物之初，佛超乎象之外，圣人之道，合有无、同幽明，非虚非实、能入能出，往古来今，一以贯之。

禅家要紧的工夫，是用个"慧"字，去个"识"字；吾儒要紧的工夫，是用个"敬"字，去个"欲"字。释氏工夫，是要点开金刚眼睛，一切种种，来到照破，识自不生；儒者是要做个汉字，挣扎起来，严肃起来，牢靠把着关口，严谨堤防，不予之隙，欲无由入。

禅家有六根六尘，要根不偶尘，全在去识性。昔有和尚过河，嗅了荷香，河伯便诮让他偷香。香，尘也；鼻，根也；嗅，识也。根去偶尘，识也；识去则不偶矣。

关尹子许多话说，只是要去识。

关尹子曰，睹奇物，生奇物想，生奇物识。此想此识，根不在我。譬如今日，今日而已。至于来日，想识殊未可卜。及至来日，纷纷想识，皆缘有生。譬犀望月，月形入角，特因识生，始有月形，而彼真月，初不在角。又曰：譬普游再到，记忆宛然。又曰：计天地者，皆我区识。譬如手不触刃，刃不伤人。又曰：彼之有无，在此不在彼。又曰：天地虽大，不能芽空中之核；阴阳虽妙，不能卵无雄之雌。是说识与意也。彼要截断意根，开佛氏之法门。

释氏只是要小天地、小日月、小山河，只是大了他自家。圣人只是要与日月同其明，与江河同其行，与鬼神同其吉凶，并不说自己大。

释氏是自天下而国而家而身，一概不管，只是守着他昭昭灵灵的事物，便是天地。万物都坏了，他也不坏。吾儒是要自身而家而国而天下，都要照管起来，明明白白与万物并生，与天地为常。

释氏养得神清，能知未来事情，能寻因缘之气化。盖生气之未尽者，游荡于天地之间，或凑着生气而生，庄子所谓火传也，不知其尽也。释氏能寻得头绪出，故有轮回之说，也甚难为他，只是无益且不妙，尽分明不如糊涂也。吾儒说先知说先觉，释氏说智慧说大觉，各不同。

禅家云：我心似秋月，教我没处说。朱子云，恭惟千载心，秋月照寒水，不是禅？释氏兴昧萧然，如清水寒水，冷气侵人，非人情，不可近，何如濂溪先生之襟怀洒落、寒月光风，明道先生之傍花随柳、春风化物，康节先生之满怀是春、皆如初出之日，旭旭然、蔼蔼然，生气与人相接也。

周子潇洒，言平易而不启发；陆子淡漠，言启发而不平易；明道先生，恺悌乐易，言简直而启发；伊川先生，言峻厉而启发。

荷蒉、接舆、仪封人、晨门，煞识时务，丈人、长沮、桀溺、微生亩，视利欲如异秽腐鼠，视熙熙攘攘之众，如蝇蛣蚊蚋，鼓发狂闹，何足动他心。唯我夫子，未生之前，草木效灵，既死之后，禽兽服化，生意和气，周乎宇宙。纳千百世于怀抱中，唯恐伤之。慈悯十二万年之一大父母也！

孔子褒管仲，重事功也；孟子贬管仲，大学术也。孟子辟距陈仲子，明大道也；陶靖节尚友陈仲子，存气节也。巢父、许由、卞随、务光、丈人、陈仲子，风万世者也。皋陶、伯益、伊尹、莱朱、曾参、孟轲，教万世者也。

陈仲子因梦而遗屦，不欲联联为跖，奇清也，故陶靖节先生赞之曰："至矣于陵，养气浩然。蔑视千驷，甘此灌园。"贤之也！陈仲子、爱旌目、介之推，皆曲士也。皆不失为士也。

伊尹一介不取与？非不取与，辨道义也。孟子曰："仲子不义与之齐国而弗受。"

是陈仲子亦从道义上起见者，故曰士也。

伯夷叔齐，是孔子称道过，人不敢议论也。凡论人，心要虚公，要精细。

庄子说盗跖死利，伯夷死名。是心粗胡说。伯夷求心安而已，非为名也。陶靖节云："颜子称为仁，荣公言有道。虽留千载名，一生亦枯槁。死去何所知，称心固为好。"

心细而语当。司马温公议论多不中，程子谏折柳，他说是小处，不如且放他一步，心粗矣，不知更有何者为大事？陈仲子，齐之巨擘，清洁亦自其心性中做出来，情亦真，非饰也。特未免有意，学未到也。使有王者出，当论之以孝弟之义，告之以大中之道，仲子未必不可为善行。诚僻矣！而未必坚也，固不与少正卯同。

温公乃曰：出伦理之外，灭天性之恩，饰小行，妨大伦，是乃欺世乱俗之尤，先王之所必诛而不以听者也。过当之论矣。战国之俗，乱之者非陈仲子也。彼有出伦理之外，灭天性之恩，有伦是妨，无行可饰。玷世败俗者，温公又何以处分？

甚矣处事论人之贵公而平也！须有矩以絜之也。

武王伐商，夷齐非之，犹从忠孝上起见识，只是无恫瘝乃身之情，不达民为贵的道理。东坡非之，只是从杀伐上着议论。郡子云："唐虞玉帛烟光紫，汤武征诛草色凄。"杀伐岂好事成哉？圣人之不得已也。至郭青螺作管蔡论，便从利欲上起见，意中分明是说武王利殷之天下，管蔡不平，其猜嫌武王也，与鸱鸟吓鹓鶵也何异？

柳子厚《桐叶封弟辨》，误苍生者也，只是看得个"戏"字小了，反复辩论，皆不中理。

大学"知止"二字，是大学根柢，不可纸上模糊过去。"知止""止"

字，是尚书"安汝止"的"止"字，粹然至善。且道"止"是何物？即虚灵不昧的事物。

尧舜平成事业，从这里做出来，格致诚正，为此个事物而设。齐治均平，举此个事物而加之耳。

知有真否，如行路然，熟者揽辔从容，坦然由之而去，定矣。恍惚者，不定也。马首是瞻、或东或西、犹猱举木、身心靡定，安能静也？

其初须要识得路头真，路头一差，便落大海去，茫茫荡荡，无栖泊处，诗云："无然畔援，无然歆羡，诞先登于岸。"数语可作慈航渡群迷也，迷途不远，犹可复也。杨子逢歧路而悲，阮籍遇途穷而哭，哭与悲何益？要起初休错了。遵道则得路，捷径则窘步。舜之天理，大路也；跖之人欲，捷径也。

夫子曰：吾之学，非多而识也。吾亦曰夫子之学，非多而识也，夫子曰：予一以贯之，吾亦曰夫子一以贯之。敢问所谓一贯者何物？寻着颜子之卓尔、颜子之善劳便是。颜子之卓尔，即一也、约也；颜子之善劳，即贯也、博也。

易曰：天下殊途而同归，一致百自虑，同归一致，即"约"，即"一"；殊途百虑，即"博"、即"贯"。程子曰："放之弥六合，卷之退藏于密。""藏密"者，即"约"，即"一"；"弥六合"者，即"博"，即"贯"。口说不济事，须要尊着，第四篇是说夫子之道，第十五篇是说夫子之学，老子曰："为学日益，为道日损。"语虽有病，然未尝不是。又云："知者不言，言者不知。"此语却是，吾夫子亦曰"默而识之"，予欲无言。

命者，圣人罕言之也。关尹子曰"我之思虑日变，有使之者，非我也"，命也。庄子曰"知其不可奈何，而安之若命"，唯有德者能之。鹖冠子曰"命者,自然者也",又曰"命者,挈已之文者也"。郭象曰:"夫我之生也,非我之所生也。"则一生之内,百年之中,其坐起作止,动静趋舍,性情知能,凡所有者、凡所无者、凡所为者、凡所遇者,皆非我也。理自尔耳,而横生休戚于其中,斯又逆自然而失者也。此朱子之言命也,气数也。然气数拘不得圣人,圣人气数顺,无横逆死,学入圣域,其数亦随气干转。此程子之言也。又曰,世间有三件事至难,可以夺造化之力。为国而至于祈天永命,养形而至于长生,学而至于圣人。此三事工夫一般,分明人力可以造化,自是人不为耳。伊洛之言,俯视诸子在百尺楼下矣。游于羿之彀中,中央者,中地也;然而不能中者,命也。庄子数语,就是孟子"知命者不立乎岩墙之下"的意思。

圣人之心,中而已矣,不着形气,不落方所,活泼泼、固陀陀、光烁烁,生意无穷。故于民有惨怛之爱、忠利之教。其用则变化无方。故就之如日,望之如云,乃圣乃神、乃武乃文。立人之道,曰仁与义,养贤以及万民,圣人之仁也;举直错诸枉,圣人之义也。舜举元恺,平成天地,仁也,而义行乎其中矣;放四凶以御魑魅,义也,而仁行乎其间矣。此又仁义互根者也。太极两仪,自然之理也。若禹、若汤、若伊尹、若文武周公,莫不皆然。孔子之作春秋也,中而已矣,仁义而已矣。忧天悯人,心如结兮,仁也;仕、止、久、速,各当其可,义也。仁与义,理一而分殊也。杨子为我,是不知仁,是从分殊上着见,其弊至于无君,亦终非义;墨子兼爱,是不知义,是从理一上着见,其弊至于无父,亦终非仁。孟子之学,得统于孔子,心伊尹之心,以世道为己任,仁也;游齐游梁之不惮烦也,仁也;辞、受、取、与之各有则也,义也。浩然之气,中而已矣。中,衷也,天与人之恒性也。理一而分殊,又须用学问之功,不然,心则独是也,而术有或差。此道之所以必有传也。厥后洛闽得不传之学于遗经,心则前圣之心也。后至元朝,金仁山告许白云,犹曰吾儒之学,理一而分殊。理不患其不一,所难者分殊耳。又曰:圣人之道,中而已矣。学诚是也,不知心犹前圣之心否?

伊尹一介不取与，义也，而仁在；以天下为己任，仁也，而义在。

为学之道，先要洒落，要笃实。曾点洒落，漆雕开笃实。

道，路也；经，程也。不知路，请看程；不知程，问已经。

不极四旁之所至，不知中央之所在。学者须兼综二氏，淹贯百家，然后知圣人之道之正，知圣人之道之纯。

五经四子，学之正也。伪子伪经，学之变也。善学者，守吾正以游其变，主吾正以御其变，使彼为我用，而不能乱我。不善学者，以其学乱天下也。

学者须是要穷理，理上差了，心上便差了。心上差了，事上便差了。愚不肖固然也，即贤智之过，如伤廉伤惠等事，皆是理上不明白。

学古须有真见，不可徒道听途说、人云亦云，如夫子之一贯。曾子曰："夫子之道忠恕而已矣。"吾亦曰夫子之道忠恕而已矣。朱子曰："一理浑然，泛应曲当也。"吾亦曰一理浑然，泛应曲当也。即详解曰：一理浑然，忠也；泛应曲当，恕也。吾亦云云，须知忠恕是何物，一贯是何物。纷纷解说，似而非也，须寻着"颜子乐处""孔子忧处"，便是。

枕上闭目鼾寝，喘息不定，口中作含糊之言，曰："天地四方，男子之事也。"言非不大也，呓语也。儿子初识大地四方，出而告于人，指东曰东，指西曰西，语非不真也，童言也。

禅家磨炼工夫不到，知解不济事。儒者实落工夫没有，虚见不济事。

学者也能清心寡欲，讲究义理，也能精细。不知通天地、入风云的物事，终是鹤梦月巢、人迷雪屋耳。

学者一尝世味，如油入面，净不得；如丝受染，素不得。君子悲之。

人只是为气欲拘蔽煞了，如酸鸡之在瓶瓮中。鹘突而生，鹘突而死，全不得见天地日月，岂不可哀？

人只为嗜欲网缚、拘蔽住了，如蛹在茧中，混混沌沌；如鸡在卵中，动动弹弹。须捣开壳子，咬破皮子，钻得出来。光天化日之下，任尔游行、任尔飞舞，岂不快哉？

嗜欲、忿怒，皆生于气。克己复礼，仁也；护己灭礼，贼也。

舜时之四凶，曰浑敦、曰饕餮、曰梼杌、曰穷奇。未有混敦而不饕餮者，未有饕餮而不梼杌者，未有梼杌而不穷奇者，穷奇者，物无偶也，亲之者寡也。循理则四海一家，循欲则一家四海，故举目无亲也。

从义理上起见识，楚越犹肝胆也，一体也，同气也；从躯体上起见识，肝胆犹楚越也，界限也，彼此也。

善画龙者，点睛欲飞，终不如真龙；色取仁者，亦自宜人，终不如仁者之生意也。子夏曰：四海之内，皆兄弟也。陶靖节云："人生无根蒂，飘如陌上尘。分散逐风转，此已非常身。落地为兄弟，何必骨肉亲。"横渠先生曰："天下之疲癃、残疾，皆吾兄弟之颠连而无告者也。"夫子曰："吾非斯人之徒与而谁与？"若圣若贤，情见乎辞矣！

蚕作尔化蛹，蛹化蛾，蛾生子，子生蚕，蚕复化蛹，生意无穷也。若投之汤镬者，犹有生意乎？人把生生不穷的物事，投之利欲之中，是置之汤镬也。

桃有仁，便能生桃；杏有仁，便能生杏。若坏了仁，便是空核，不能生矣。人心没了仁，便是枯形，犹然生者，如气胞耳。

人之有心，如树之有根。树根不伤，上边虽坏几个枝条，犹不妨。若根子坏了，则无树矣。人心元气不失，小小行事，虽错几件，犹不甚差。若方寸之地，恻隐生意没了，则无人矣。

人心要有生意，心生则人生，心死则人死。心死而空寄形骸中，犹形死空寄棺木中一般。

"乐意相关禽对语，生香不断树交花"，便是天地变化。草木蕃芜的气象。天地交而万物通也。

健，是屈不了；顺，是阻不了。如木之生，如泉之流，人挡不住他。吾心生意，须要如此。

朱子曰："动时循理，则静时始能静。"此言最为彻。大抵执事有恪，动时敬也；戒谨恐惧，静时敬也。时行而行，物来顺应，动时静也；时止而止，私意不生，静时静也。二者本不宜分属，但整齐严肃，于做事上见得力。故曰涉世处事，敬字工夫居多也。

杜牧之曰：毋轻喜，惧气之扬也；毋暴怒，惧气之拂也；毋多言，惧气之躁也；毋妄动，惧气之失也。动、静、语、默，详端闲泰。常使太和元气，周流于四体间。

唐彪曰："人性多喜流动，而恶寂静，坐不数刻，心未起而足先行矣。"此学人通病也。昔金仁山，以带系足于椅，足行而带绊之，乃转复坐。许白云亦于门上加横木，每行至门，为木所格，复转静坐。昔之先哲，皆于禁足一事，极其留意也。最难过是诚意关，验诸梦寐可见。昔田中梦葵篇曰：俾神而驳也，神非意乘乎，意非我乘乎，精细之至，予之隙也，是以君子贵敬胜之功。

怠生意，意生心，心生气，气生事。有朕朕之舜、跖，必有昭昭之舜、跖。郡子曰：草色依稀绿，花梢隐约红。有依稀隐约之红绿，必有明媚着见之红绿。周子之所谓之几也。易曰：几者动之微，而吉凶先见者也。知几其神乎？颜氏之子，其殆庶几乎？

汤以义制事，义以方外也；以礼制心，敬以直内也。古来学术，只是这两句。庄子视死生存亡为一体，孟子视天地万物为一体，学不同也。

养气只是要集义。心里暧昧、猥琐、肮脏，便张不开口，抬不起头来。人云亦云，为前掉后，苟且过去，怎得敢说敢道、敢当敢做，做出丈夫事业？

义不集，则气不生。人心偶染于欲，便伤了义，伤了义，便馁了气。

学者须是有些义气，才是做道理的根器。

学者担当世道，须是要有勇气。曾记女子诗云："君王城上树降旗，妾在深宫那得知？十四万人尽解甲，总无一个是男儿。"此女子大有勇气也，学者如此才好。石屋禅师诗曰："新年头了旧年尾，明日四分今日三。道业未成空白首，大千无地着羞惭。"此等羞恶，煞与常人不同。学者有此志气，便过人远矣。

人自鸡鸣时，身未起而心先起。士、农、工、商，各有盘算。圣人却是盘算江河，盘算气化，盘算世道，盘算人心。欲跻斯民于乐利之世，欲纳斯人于仁寿之域。人自一日，彼自千秋；人自曲巷，彼自天外。

天之性，生物者也，人之性亦然。圣人肖之，天之孝子也，继志述事者也。愚人不肖之，天之不孝子也。不能继志述事，而望父母之爱之喜之也，恐有未必然者矣。

谭子《化书·蝼蚁篇》："蝼蚁之有君也。一拳之宫，与众处之；一块之台，与众临之；一粒之食，与众蓄之；一虫之肉，与众啖之；一罪无疑，与众戮之。故得心相通而后神相通，神相通而后气相通，气相通而后形相通。故我病则众病，我痛则众痛。怨何由起，叛何由始？斯太古之化也。"议论爽快，是豪杰气象。伯者见之谓之伯，王者见之谓之王。

尧让天下于许由，许由谢之曰："吾将为名乎？名者实之宾也！吾将为宾乎？归休乎君，予无所用天下为。"曰吾曰予，只是从他自家身上说话，全不是尧舜为天下的心。自古高人庸人，只是一家眷属，但有清浊之分。

南华经曰："天下之水，莫大于海。万川归之，不知何时止而不盈；尾闾泄之，不知何时已而不虚。春秋不变，水旱不知。此其过江河之流，不可以量数。""计四海之在天地间也，不似礨空之在大泽乎？计中国之在海内也，不似稊米之在太仓乎？号物之数谓之万，人处一焉。""其比万物也，不似豪末之在马体乎？"由此推之，人之一身犹渺矣，而敢与天地并者，心也。心体与天体同，其大无垠。私意一起，则尺雾障之矣。嗜欲一炽，则寸云累之矣。杞人有忧天坠者，非忧天坠也，忧心坠也。心不可言坠，谓失其高明之体耳。人在旷野，仰面看天，千里无云，如婴儿见了父面一般，心怡然欢然得意。忽遇浓阴遮去，心便郁郁然不乐，如婴儿离去父面也。可知圣人心代天意、口代天言、手代天工、身代天事，代父也。而庄生看小了世界，视之如蚁穴虫户，不甚着意，欲掉在一边，保养自家精神，是不知子代父之意也。庄生小视世界，曰："仁人之所以忧，任士之所以劳，尽此矣。"不知不得不忧，不得已而忧，非忧之也；不得不劳，不得已而劳，非劳之也。

关尹子曰："天不能冬莲春菊，是以圣人不违时；地不能洛橘汶貉，是以圣人不能违俗；圣人不能使手步足握，是以圣人不违我所长；圣人不能使鱼飞鸟驰，是以圣人不违人所长。夫如是者，可动可止，可明可晦，惟不可拘，所以为道。"易曰："变动不拘，周流六虚。"圣人养成乾体，潜见飞跃，尽由心也，无成心也。

不违时，不违俗，即中庸律天时袭水土之意，不违我所长，不违人所长，即庄子穿牛鼻、络马首之意。

蚕也，蛹也，蛾也，本是一物。蛾不能为茧，蛹托出于茧者也。经纶之者，蚕也，故蚕之名，比蛹与蛾最著，人之所养者也。君子当庇于衡茅时，名不闻；当飞腾变化时，名不著；当经纬天地时，名始显。圣人养之也。

鹖冠子曰："圣人贵夜行。"淮南子曰："圣人处于阴。"孟子曰：声闻过情，君子耻之。盖夜者昼之根，情者名之根，皆是君子务本之意。

欲心，气也；数命，遇也。定气以安遇者，豪杰也。道心，性也；义理，命也。养性以达命者，君子也。此异于释氏者也。

一则定，二则乱，如常人之语言。昏谬错杂、前后彼此、百千矛盾，不定也。不定生于不一。君子义理之言，一而已矣。易曰："天地之道，贞观者也；日月之道，贞明者也；天下之动，贞夫一者也。"又曰："夫乾确然示人易矣，夫坤聩然示人简矣，一也。"书曰："德惟一，动罔不吉；德二三，动罔不凶。"程子曰："二三立，一之名亡矣。"须想一是何物，不可亡也。

《春秋》，化工也，王半山不识，目为断烂朝报，妄诞千古者也，贻笑千古者也。《大学》一书，挟日月而来也，温肃齐至，同《春秋》者也，唯道之后，气与之合也。

诸子之书，多是反说，弄坏了世界，最害事。如列子狙公养狙之说，朝三暮四，后世得其术者，颠倒英雄。汉高称首，贞观之治，几于三代，特少关雎麟趾之意，只是根子不是了。所以君子不得闻大道之要，小人不得蒙至治之泽、二帝三王周孔之道，此朱子所谓千五百年来，未尝一日得行于天地间也。

尺蠖之抱叶也，食黄而黄，食苍而苍，食古者宜慎之。

人自十五以后，欲窦一开，怎当得起？须要讲明义理，开垦心田，且战且耕。幼学须要于耳目上两个要紧关口，遣智勇之将，牢靠把着，不使奸宄窃入，然后以明道穷理之书，安其社稷。

关尹子曰：解云，识识易，去识难。稚年一见，皓首不忘，识之黏缚于人如此，可畏哉！又曰：灭火易，不燃难；去识易，不续难。关尹子曰：物文心生识，然则幼学于邪僻物事，慎勿交于心而生识也，不尔，便牵入苦海去矣。

幼学于一切匪僻事，休要见他，一切匪僻言，休要听他。一入于耳目，存留于方寸，白首不能去，大为累，不得干净，不得受用。明道先生年少好猎，后十年见猎心喜，根子犹未除，特不为耳，况庸众之质。童年可不慎乎？

蒙师训子弟，要达他的材，又要因材而教。如稻黍有酒，须要引出来；

麻豆有油，须要打出来。无油无酒之粒，须要善收拾，不坏了他性命，来春好复种而生。

伊川先生尝闻，上在宫中，起行漱水，必避蝼蚁。因请之曰："有是乎？"上曰："然。诚恐伤之耳。"先生曰："愿陛下推此心以及四海，则天下幸甚。"一日讲罢未退，上忽起，凭槛戏折柳枝。先生进曰："方春发生，不可无故摧折。"上不悦。前一节导引，是培养君的善心，后一节谏诤，是格君心之非，是真儒作用，大学问、大经纶。尧舜平成事业，不过是这一点仁爱的善心做出来的。臣子事君，不向此处着力，是不以尧舜望其君，是不爱其君、不敬其君。"谏折柳"便是极大的事，温公于此处犹聩聩何也？

君子之应人，如洪钟之待叩。叩而不鸣，土木也；不叩而鸣，妖妄也。故应须自然也。

日之照人，自然而照者也。日，宜也，宜于人者也。烛，逐也，逐物而照者也，人使之然也。有小大之辨，有劳逸之分。君子不以昭昭伸节，不以冥冥堕行。彼昭昭伸节、冥冥堕行，非君子也。若昭昭无行，冥冥堕节，小人也。

目善天下之色，一叶吾以障之。耳善天下之声，一豆足以掩之。心通天下之志。一钱足以塞之。虚灵之地，纳须弥而包瀛海，却教微末之物侵占了去，不能廓清而恢复之，岂丈夫也哉？

明道先生得不传之学于遗经，不知所谓不传者何物。先生又曰：吾学虽有所受，天理二字，却是自家体贴出来。不知所云天理是如何。

夫子一贯之道，是大德敦化，小德川流也。说来说去，只是说不着，朱子恐人胡看了，下一"理"字实之，朱子之苦心也。后人疑其隔了他的。道者，"日用事物、当然之理"八个字，只是简而要、确而定。

春秋其不作乎？礼乐其中兴乎？诗书其废乎？易其合矣乎？知其解者，千里犹比肩也。皮日休《孔子庙碑》，谓圣人一贯有物无生之道，其说混也，有赞辞以辨之，曰：万古一主宰，浑浑无能名。大老载有物，小佛破无生。

邵尧夫谒阙里有诗赞曰：工居天下语言内，妙出世间绳墨余。陶冶有无天事业，权衡治乱帝工夫。非尧夫不能道。

先师孔子总两千年耳，以大椿观之，且不足半春也，何渺渺茫茫、不相亲热，如万代之隔绝也？

石屋禅师诗曰："有耳听声风过树，无心应物日临池。"头一句是不留情，第二句是不着迹。

邵尧夫诗曰："何尝无对景，未始便忘情。"忘则心死，滞则性泪，蜻蜓点水面已。陈希夷云："对境莫任心，对心莫任境。"镜花水月也。

释氏则水月空清，止存镜水，并无花月，毁灭性情，不可学也。

陆子曰："墟墓生哀宗庙钦，斯人千古不磨心。"平天成地事业，只是这些子，所以下又曰："涓流滴到沧溟海，卷石崇成太华岑。"语真而切，只是要穷理。

白昼攫金，见金不见人也；昏夜辞金，见人不见金也。喻利者，一无所见也；喻义者，无所不见也；喻利者，适也、莫也，无所见也；喻义者，无适也、无莫也，无所见也。

古诗："青松高百尺，绿蕙低数寸。同生大块间，长短各有分。"庄子曰：长者不为有馀，短者不为不足。凫胫虽短，续之则忧；鹤胫虽长，断之则悲。性长非所断，性短非所续。人苟知此，而数命之厚薄，伎俩之大小，俱不论矣。

乩诗："古今谁解中流砥？清泪常沾郊蕙流。"此诗煞有性情，不知是何气化结成。

杜甫诗："颠狂柳絮随风舞，轻薄桃花逐水流。"人而无信，桃花柳絮也。天地养万物，一茎草，也有一点露珠养他，况人乎？故横渠先生曰："道则责成于己，养则付命于天。"鸟之中，亦有名"信天翁"者。有诗云："荷钱荇带绿江空，唼鲤含鲨浅草中。波上鱼鹰贪未饱，何曾饿死信天翁？"

寒灰忽焰，枯木重华，大是奇事。

庄子云：婴儿生无师而能言，与能言者处也。成康时之儿童，皆道德之言也。

孔子曰，鲁道其衰矣。洙泗之间，断断如也。是说少者欲背老者过河，老者不肯受，少者恭敬，老者辞让，河边喧哗，若争辩者然。若成康之世，则老者安然受之而不辞，如自家子弟一般，所以谓四海一家也，仁也，盛世也，王道之行也。眼前种种物理，皆是易象，皆可观玩，亦可当风诗看。如乌之孝、雁之信、蜂蚁之义、螺蠃之教，皆能感发人。如枭当磔，蛇蝎当杀，鼠可贱，蝇可憎，皆有惩创人处。何处不是学问？且如雎鸠之鸟，生有定偶而不相乱，偶尝并游而不相狎，此夫妇之正也。风诗托始于此，教也。君子之道，造端乎夫妇。

虎狼鸟鸢蝼蚁，不期而会，遽集于肉林，非有约也，感也，召也。多藏不与，盗期而寇至，感也，召也。故厚亡者愚，积而能散者贤。

交非势利，心犹明水，同此元味，如此则可久矣。

留侯为韩报仇，始以义出，既而功成身退，明哲保身，以智终矣。见首不见尾，如神龙之在空中，出没变化，不可测识。

论心

圣人之心，如日月滚圆普照，动而能应。佛之心，玲珑亦普照，外圆而中空，不能如圣人之内外坚实。但合在一处，不能应。老专保精神，不惟不应，且不肯照，只教浑沌在那里不散。然都是光洁的物事。众人之心如蜣螂之丸然，臭秽污浊，尘土错杂，何照之有？亦应非所应矣。

圣人佛仙异同辨

洪荒以前、洪荒以后，理气而已矣。圣人佛仙，只在此两件上做工夫。佛仙异而同，圣人同而异，众人异而异。佛仙昭昭灵灵，使真宰不灭。圣人明明白白，使真宰不乱，如夜灯然。仙者精光结聚，如灯之焰，似枣象者然。佛则似灯之光，遍烛一室，凡室中男女器皿，无不照矣。无不照即无不有，是故佛云万法。要其所为法者，符箓诀咒，幻化之术，出有入无，是皆光气所为也，此佛仙异而同者也。仙常燃，佛常照，圣人则常能燃，燃能焰之，理而已矣。且如灯光之下，男女异形、器皿殊用，知明处当，不止焰见也，此圣人同而异者也。众人则如山林之萤然，飞飞扬扬、遮遮藏藏、私明私灭，随身之灵而已矣，此众人异而异者也。

作者简介

柳清泉，1970年6月出生，籍贯山东省高密市，现任青岛农业大学副教授。

千年文脉，百年风骨

——写在胡峄阳先生诞辰378周年之际

柳清泉

一

公元2017年6月29日，农历六月初六，布衣学者胡峄阳先生诞辰378周年纪念日。是日天气奇好，艳阳高照。我作为峄阳先生思想的追随者，应胡峄阳文化园主任刘世洁老师之邀，前来参加纪念大会与祈福活动。我们赶到时，门前的峄阳路上，乡民们一如既往的摆摊设点，来来往往，来赶那逢一遇六的流亭大集。只是今日大集，自与往日不同。

我们手捧鲜花，进得园来，但见嘉木树庭，绿草如茵，花亦正盛，各方来宾早已云集于此，等待祈福大会如时开始。我们在文化园赵永峰女士的带领下，穿过密密的人流，来到峄阳公祠敬献鲜花。其时大殿周围肃静庄严，东流亭街道胡孝华书记与东流亭小学陈胜利校长正在殿前做着最后的准备工作，知道来意微笑欢迎，特许我们先行进去祭拜，言语间都是谢意。大殿之上，胡峄阳先生端坐于中，两位书童随侍左右。案前数十种瓜糖水果点心酒水供奉其上，左右两边各供村民自制特大白面寿桃，面上一大红"寿"字赫然在目。案前地上，左右两边莲花盛开，植于白底青花瓷缸之内，与峄阳先生洁净不染之心正相合宜。我手捧用心挑选的鲜花一束，在峄阳先生铜像前鞠躬致意，然后将鲜花置于案上，退回原位，行叩拜之礼。今日是历时三百年风骨犹在芳泽犹香的东流亭布衣学者胡峄阳先生378岁诞辰纪念日！而我，作为一名深受先生人格风骨思想之惠的后世学人，除了平日字里行间的流连沉浸，亦惟愿在这个特殊的日子里，将心内满满的敬意，寄于那俯身低首的叩拜之礼！

那日的纪念活动与祈福大会，嘉宾云集。行礼之后，我在云雾缭绕的峄阳公祠大殿外拥挤的人流中，见到了忙得汗流满面的世洁老师，肩背一部重重的摄像机，站在灼热的阳光里。我把市社科基金项目的申报书《胡峄阳易学思想研究》，和我指导学生做的胡峄阳诗歌研究的毕业论文，一并交给了世洁老师，算是我们的一点心意。在文化园演奏的古雅祥和的《峄阳古曲》停奏之时，九时十八分，祈福大会正式开始。

这是一个神圣的仪式！

"崂山峰高，白沙水长。千年俎豆，百世峄阳。"子孙后代及八方乡邻各界人士的相聚拜祭，其实不仅是一种血脉的延续，更是一种文化的传承与接力，两者对于我们的生活与生命，有着同样重要的价值。慎终追远，民德归厚。我们慎重地对待亲人的身后之事，维持先祖的谱系使之不堕，定期而行祭祀之礼，不只是生物学意义上的传宗接代，其实更是要提醒自己，从先祖处承继下来的不仅仅是血脉，更是先祖所表率的家族的人格与名誉。"夙兴夜寐，勿忝尔所生。"生命短暂，每一个日子都要认真活过，不要辱没了我们的先人，亦不要愧对自己的一生。而峄阳先生作为家族的杰出成员，和当地一位备受敬重的学者，其思想之深广，人格之高洁，亦不仅是家族的荣光，更是后世可享的共同的文化财富。所以我们祈求，这样的福泽，能够滋养心地，化育万民，百世犹芳。四方百姓也虔诚地期望，如神如仙法力无边的峄阳先生，能够护佑一方百姓，风调雨顺，幸福安康。这不是迷信，是乡民们虽然简单朴素却无比真诚的情感和愿望。中国自远古以来，先王便以神道设教，使天下之人斋戒净心盛服以成祭祀，神明洋洋乎如在其上，如在其左右，百姓于显明之处心存恭敬，于隐微之处亦不敢造次，所谓"明则有礼乐，幽则有鬼神"也，亦今人所称"神灵可造民心造，诚善开通百事通。莫道白沙河水浅，柳溪调雨也调风"也。

我愿意将那凝聚众人心意的虔诚的祭辞,再一次呈现在这里:

不其古邑,人文含英。白沙河畔,礼乐昌明。凤鸟东飞,崂阳降生。
日月盈虚,日沉日升。世道无常,运际异同。蓬室翁牖,君子固穷。
硕德化世,陋室解经。知前知后,沐育生灵。扶危济贫,乡邦康平。
持身以正,守道以恒。孝念九泉,义薄东溟。山高水长,百世追踪。

诞辰纪念活动第三日,六月初八,世洁老师与诗词学会张君嘉会长在秋临大酒店设宴,为从大东北前来参加纪念活动的墨客兄饯行,亦是崂阳文化传承之热心人士的一次雅聚,我亦有幸应邀参加。即墨著名企业家、热心公益事业的王卓峰先生,诗词学会诸君老刊兄、居然、宋刚涛,青岛理工大学李伟刚老师等,还有城阳作协主席秋窗、律师高显、记者李力三位女侠,十几位文人墨客欢聚一堂,除表达友爱之心与惜别之意,酒席上依然话不离崂阳先生,大家各自表达着对崂阳先生的敬意,有居然联句为证:"坤地通和,能纳微尘成厚土;乾天广布,不言盛德自甘霖。"酒后分别,几位女友同去文化园喝茶留影,以示相见不忘之意。

二

初知胡崂阳先生,是在拜读城阳诗词学会张君嘉会长的《钧淇吟稿》之时。张会长身在警营三十年,以公安局长之武职而有文人之心,喜做古典诗词而终成厚厚诗稿,自然风物人情家国无不入题,其中《咏先哲胡崂阳公古风》三篇长达一百韵之多,长辔远引从容按节,述崂阳公之大德高才与三百年不衰之民间传说,发追慕之情,甚为引人注目。而后在《钧淇吟稿》的研讨会上,我以"林泉之心"与"家国情怀"为关键词畅论会长之诗,并结识诗词学会老刊、居然诸君及文化园主任刘世洁老师。其时与刘老师并不相熟,但读其诗,觉功力深厚,多有无意于佳而无不佳者。

之后大家谈来谈去或有来往中渐渐熟悉起来，直至某个冬日，应邀来到文化园，先去拜谒峰阳先生，而后与世洁老师、老刊兄以及居然席间攀谈，渐明文化园诚邀加盟之意并以书相赠，然后我就读到了那套透着浓浓墨香的装帧精美的《胡峰阳文集》。

文集全套五本共约30万字，由上海古籍出版社2011年6月首版，简体字竖排版线装古本样式，黄绸封面，宣纸折叠两面印字，内中配图精当，图文相宜，除人物画外，格线与图画皆取淡绿之色，与宣纸两相得宜，很有一种视觉的愉悦与沉静之美。书名以隶书繁体黑字题写于白色竖签之上，干净醒目，并《柳溪碎语》《易象授蒙》《易经征实》《胡峰阳诗选》及《竹庐家聒》五本。后听世洁老师说，这是编辑委员会全体成员与诸多热心人士群策群力历时数年编纂而成。在随后的日子里，我每每于工作之余，日里夜间，怀着敬意时时阅读。

我心敬仰峰阳先生，于身于家皆有修持，为学为道皆有境界。先生天性纯良笃孝，以身侍亲和悦周到，人所皆赞；于儿孙之抚养教育亦多费心，言辞谆谆充满爱意。先生为学精神笃定，于考场拂袖而去之后，历经诸多磨难，于课锄课徒之余间又课书，寒夜苦读，治学问道，每有心得，皆有所志，或为诗词或为杂感，以宝贵文字开示后人直至我辈。更为可贵的是，峰阳先生于大易之理亦有精研，先以六十四卦三百八十四爻征以历代史实，微言大义，自成一家，成《易经征实》一书，收入《续修四库全书·经部》，成为官学，实属不易。还有其晚年甚为推重的《易象授蒙》一书。遥想文王当年，在纣王手里备受苦难，试图通过诚心劝说制止暴政无效而被投放入监，遂于狱中奋发，反复修订易经，重伏羲之八卦为六十四卦，使其成为一部智慧之书，而后孔子与弟子相与精研，韦编三绝而乐此不疲曰："君子学易，贵默成其德行。"而后有汉代经学大师郑玄知廉成公为《周易》做注并著有《易论》《易赞》，成家数易学；三国魏晋时玄学家王弼做《周易注》，成义理易学，两家平分秋色。唐时经学家孔颖达《五经正义》之《周易正义》而后，至于有宋一代，易学研究遂蔚为大观。张载、邵雍、程颐、朱熹、苏轼、司马光等，都有研究之书传于后世。峄阳先生不入仕途，隐于民间，却能潜心穷理，将六十四象抽而编之，发周易程传与朱子本义之意，并自发挥所得以授童子，切于日用之实，示之以修己治人之道，使其发蒙辨志之年，学有指归。不图后又芳泽流远，惠及我辈，实乃功德无量，善莫大焉。

文集的主编及传注者刘世洁老师，也时常让我肃然起敬。作为主编，其间各种看不见的辛苦，自不待言。就文集本身来看，每一书前面都有序言，除峄阳先生自序及当时文坛友人之序外，世洁老师为《柳溪碎语》和《胡峄阳诗选》写就的两篇序文，都思虑周详，论断切当，与峄阳先生的诗词文章与人格风范都别有契合，堪为精品。每本书后皆有后记，对所依版本及编写情况予以明示，态度严谨认真。书中注解及页眉页脚之选文，亦可见学识之丰厚，布局谋划之得体。对《柳溪碎语》与《竹庐家聒》之注释尤为精细，尤其对峄阳先生《易象授蒙》六十四象之微言大义用四句七言韵文予以恰当概述，非深明其意者不能为也。附于《竹庐家聒》书后的那篇《峄阳先生传略》，对峄阳先生一生行状事迹、读书交友、学问事功、性情人格、文章书籍、思想传承与流布等诸多方面一一布列，条理清楚，秩序井然，文字精当，是整体了解峄阳先生经历与思想的重要资料。兹示世洁老师为《胡峄阳诗选》所做序文之首段以为共赏：

灵秀之所出，赖于天地造化之功。二崂群峰耸峙，九水涵徽。山水所钟聚者，在人则风骨峭峻，在草木则葳蕤多姿，在文章则大含细入。有清代胡峄阳先生，古之独行君子也，不阿于世，清静自守，于圣贤之书无所不读，于修己诲人之道谆谆不厌，人皆以理学大儒称，然其诗赋艺文则知之者少。先生诗作，得天地之灵性，独擅二崂风骨。语浅近而意深远，咏物厚而情感真。徇世情物理之蕴藉，托于物发于胸，以理学思想发于诗章，诲人化世于诗境意趣。不事堆垛，不法一家，出自机杼，自谓"非晋非唐非宋，也儒也佛也仙"，诚如是也。

之后大家不时相聚，对于峄阳先生思想的研究，也慢慢进行了下去。我承蒙抬爱，在文化园有了一间自己的办公室，可以时时就近感受先生之风骨，专心领受先生的文字。今年春天，我们与文化园共同参与，申报了青岛市社科基金《胡峄阳易学思想研究》的课题，并指导一名中文系毕业生做了胡峄阳先生自然诗研究的毕业论文。孩子们毕业之前，祈福大会前日，我带她们来文化园，去峄阳公祠敬献鲜花，祭拜峄阳先生。

三

祈福大会之后的日子里，诸多感慨系于一端。只是校内正值期末事务繁忙，所以心内虽然翻腾，竟不得写下一言半语。其间费心拟定期末考题，而后监考阅卷，持续整整三周，不得稍息。待学校事务完成，假期开始，我与世洁老师约定，来看胡峄阳先生遗书。

我在这里见证，此时展现在我面前的，是清嘉庆六年（1801）的珍贵木刻本《易象授蒙》！另有清宣统三年（1911）的手抄本《胡氏易象授蒙》《胡氏易经征实解》（上、下）和胡氏《竹庐家聒》，以及手抄本《钦定易经纲领》，皆注明抄于胡氏雅远堂南窗下。此线装抄本或行或楷，红笔句读，封面用印，据说为流亭街道赵戈庄村老私塾先生后人所抄，后捐赠给文化园。《易经征实解》还有一民国六年（1917）铅印本，胡鹏昌校。据世洁老师考证"解"字为句读所误，故今本改为《易经征实》。另有清末手抄本《柳溪碎语》，文字与今本不同，间有杂录抄者自觉精彩的峄阳先生各种语句。这样一来，连同上海古籍出版社国家清史编纂委员会汇编的影印本《胡峄阳先生遗书》在内，我得以亲眼目睹最久远最珍贵的文本了。我在心里无比感激着世洁老师。

接下来的几天里，我日日来文化园读书。手捧二百多年前的珍贵刊本与抄本，与今本同读，体会字里行间的思想要义，是一件多么幸福的事情。

四

诞辰纪念及祈福大会整整一月之后,农历闰六月初六,夜雨又降,晨雨初歇,我依旧来文化园读书。只是这日,我穿过因为晨雨人流并不密集的大集,拎着一盆新买的清绿清绿的兰草,由文化园东门悄然进入,先来看望峄阳先师。园内并不见人,竹子还是那样翠绿挺拔,一月前的盛况依稀犹在,只是今日,园中仅我一人。

我顺着东面的古建筑、文化园非物质文化遗产讲习所、文化中心、接待室一路西行,见园中草木繁盛,充满生意。一月前园中招待四方百姓饭食用的两口大锅和灶台仍在,路边的宣传广告牌"胡峄阳传说——国家级非物质文化遗产"的文字依然鲜亮。行至大殿前,轻轻地将那盆兰草放在门边一侧,整理衣衫,背好书包,在门口肃然而立,凝神定气,长鞠一躬,然后轻轻抬脚,进得门去。

约略环视殿内,似乎无人。但见堂前案上,供品依然丰富,除了诞辰纪念那日所供寿桃与鲜花不见于眼前,其余瓜果点心酒水一应俱全,我喜欢的峄阳家酒也供在两边的侧案上。我正犹豫该如何动作时,东向一看,见一白衫老者在屋角的椅子上打盹醒来,双目微眯。我连忙欠身致意,老人亦微微点头还礼,然后继续打他的盹,心领神会似的由我自便。

然后我就独自一人,在殿中与峄阳先生直面相对了。

只见峄阳先生左手捋须,右手持书一本,目光下注,似在看书,又似思考。近前一看,所持之书原来就是《易经》,心想倒也相宜。峄阳先生一生学问,尽在周易。或如《易象授蒙》,专于义理,抽取每卦大象传辞,间录北宋理学大师程颐朱熹之传注,然后发挥己意,对其中思想精华尽情宣示;或如《易经征实》,证以史实,发于事用,以不易之理应变易之世,其所思虑所成就者,非大德君子不能为也。思绪之间定睛望去,迎上了峄阳先生那清明洞达却暗自敛抑的目光,泪水瞬间肆意流淌。前日里所读所思所慕所感,都注于这一刻的迎面相见……

稍后定心再观，但见两边木雕版画，生动传神，峄阳先生讲学论道之情景，如在目前。绕到背面，是峄阳先生《易象授蒙》对乾象坤象大意之精妙体会，篆书写就，古意甚笃，是当地文人杜刊功先生的手泽，洗心之辞如下：

乾（乾上乾下）象曰：天行健，君子以自强不息。

不息，是天理之心无间断，非自强不能。不息，如尧之钦，文之熙，武之竞。钦，恭敬也。熙光明也。人心一不恭敬，一不光明，则理念微而欲念起矣。两圣人与天吻合，自然不息者也。竞，强也，自胜之谓强。武敬胜义胜，怠念欲念不敢窃发，精明强固有以胜之也。若一昏弱，则乘间窃发矣；昏弱之极，遂寇而入室主之矣。

坤（坤上坤下）象曰：地势坤，君子以厚德载物。

君子之德，须如地之高下相因，极其深厚，而万有不齐之物，方能承载之。厚德载物，如尧之德如天，智如神，存心于天下，加志于穷民。一民饥曰我饥之也，一民寒曰我寒之也，一民有罪曰我陷之也，不废穷困，不虐无告，鸟兽鱼鳖昆虫草木咸得其所始尽。

细细体味涵咏之间不觉绕回殿前，一面看那镇殿宝剑昂然而立、如意灵芝发祥瑞之气，一面与峄阳先生再行注目之礼，肃立作别，而后轻步回撤，退回殿门之外，伫立良久，一路洒泪出南门而归。回来之后，我提着在峄阳公祠开过光的那盆清绿极美的兰草，到楼下的菜地边添些新土，放在我兰蕙堂南窗下的茶几上，美其名曰"君子兰"。

五

第二日晨，闰六月初七，我早起，于家中厅内西窗下，在窗外高唱的蝉鸣声里，读峄阳先生《寒夜集》，看书中一个个熟悉的古圣先贤的名字——

庄子、孔子、颜子、周子、程子、朱子、陶靖节、周濂溪、横渠先生、象山先生……穿越千古风尘，在一个又一个寂寞的寒夜里与之相伴取暖，然后活在峄阳先生的文字与生命里。就这样迎面相逢、信手翻阅中，忽然就看见了那几段文字：

　　学者担当世道，须是要有勇气。曾记女子诗云：君王城上树降旗，妾在深宫哪得知。四十万人尽解甲，总无一个是男儿。此女子大有勇气也，学者如此便好。

　　石屋禅师诗曰：新年头了旧年尾，明日四兮今日三。道业未成空白首，大千无地着羞惭。此等羞恶，煞与常人不同。学者有此志气，便过人远矣。

　　人自鸡鸣时，身未起而心先起，士农工商各有盘算。圣人却是盘算江河，盘算气化，盘算世道，盘算人心。欲济斯民于乐利之世，欲纳斯人于仁寿之域。人自一日，彼自千秋。人自曲巷，彼自天外。

　　于是又兀地泪流满面……

　　这已不仅是先前的肃然起敬，而是相知之后的感动与相认！人之相知，贵在知心，我想我真正理解峄阳先生了。言必称君子，并不是一句空话；敢作敢当做出丈夫事业，放下人心提起道心便是大丈夫，亦真是肺腑之言。圣人之盘算，自异于百姓之盘算。百姓营生，圣人安民。家国天下，救世济民，哪一样不在圣人盘算之中？峄阳先生之识见、志气与勇气，亦过常人远矣，直可引为知己也。就如几年前我在京城苦读，做我的博士论文，读孟子读屈原为那份浩然正气感动的不能自已，都是一般道理。虽然都是一介书生，可是我们希贤希圣的情怀，何其相似！能够欣赏与领受崇高，何其幸福！后人对于峄阳先生的称誉，并非溢美之词；而峄阳公祠殿前廊柱上的那副对联——"百世令名称师长，三家玄奥继圣宗"，亦名副其实也！

六

"古柏新桐一样青，银沙碧水赋流形。清溪记得当年柳，树下先生醉六经。"我想在这次纪念活动和祈福大会之后，在众多的称颂峰阳先生的嘉言妙语之中，世洁老师此沉静之句，不仅是语词妙极，亦是道出时人心声吧。江山代有才人出，各领风骚数百年。白沙清流养育的峰阳先生，流连风物沉醉六经追慕古圣先贤，其高风丽泽亦如时雨化人，养得后世一方乡民文才武业大展宏图，正是古柏新桐一样青啊。

大暑正浓时节，不其山下的这片天空，连日的密雨刚过，彩虹奇幻，云霞满天，美得令人心悸。白日清晰可见的峰阳公祠大殿的尖顶与飞檐，此时已隐没在夜色中。园外峰阳路尽头的门楼上，华灯闪烁，黑龙江路上车声隆隆，川流不息。蒙受峰阳先生惠泽的一方乡民，依旧会在这片土地上生存繁衍，生生不息。而我这虽不多才但与峰阳先生有着同样济世情怀的一介书生，也会在与其文字的相会与领受的鞭策中，继续前行。

从胡峄阳家训看清初青岛之社会文化

王亚男

【摘要】《竹庐家聝》和《女闲》是清初青岛地区著名的平民学者胡峄阳的家训著作。作为地域化的平民家训,它们反映了清初青岛社会民众求平安的社会心理、好赌的社会风气、尚读书的社会文化教育及受礼教束缚的女子教育等社会文化情况,同时针对这些社会文化因素对家族子弟进行训导,对清初青岛胡氏家族的发展及地方社会的稳定起到了一定的积极作用。

【关键词】胡峄阳;家训;社会文化

家训是一种家庭教化的规训,不仅是传统社会中的一种特殊的家庭教育形式,也是传统社会文化传承的媒介之一。《竹庐家聝》和《女闲》是清初青岛地区著名的平民学者胡峄阳的家训著作。它们写于清初,对这一时期的历史面貌有着深刻地反映。而作为平民及地域家训,它们对清初青岛地区的社会风俗、世情民情亦有全面的描绘。因此,从这两部平民家训著作入手,结合清初青岛的政治经济及社会状况,探寻清初青岛社会的文化面貌,是本文重点要解决的问题。

胡峄阳，名翔瀛，是清初青岛历史上著名的隐逸学者，而今青岛人熟知的"大歉不歉，大难不难，千难万难，不离崂山"①这句名言就出自胡峄阳。胡峄阳出身耕读世家，少时勤奋好学。十六岁时应童子试，守门人强令其解衣搜身，他怒不受辱，拂袖而出，曰："执事为国求贤，奈何窃盗视之？"于是发誓终身不应试。后因父母相继亡故，家境愈加困乏，他先后在流亭、洼里及即墨城南关设馆为生。五十多岁时，胡峄阳不再专于塾馆授学，经常应邀于即墨黄氏书院玉蕊楼，就《易经》和程朱理学作专题授课，与崂山百福庵蒋清山道长、清初的莱阳名士孙笃先、黄坦、黄培、黄贞麟、范炼金、范九皋、黄宗崇、黄子厚、周毓正、王泽洽、周旭、孙忭、解楷、杨还吉、解瑶等人交往甚密，时人称其为"崂山七十二君子"。②多年在即墨各地的游历，使得胡峄阳对这片地域的文化情况及风俗习惯十分了解，胡峄阳晚年回到家乡，担心家族子弟沾染不良习气，失教而为非，于是将自己多年立身处事的心得及对子弟的期待写入《竹庐家聒》《女闲》两部著作中。书中多篇文章反映了清初青岛的社会及文化面貌，同时也针对此种情况提出了对家族子弟的训诫或鼓励。笔者将从社会心理、社会风气、社会文化教育及女子教育四个方面探讨胡峄阳家训与清初青岛社会文化间的相互关系。

一、守法避让与求安全的社会心理

明末清初的战乱，使得青岛地区出现了"枕骸遍野，巷无居人"的惨烈情状。而后虽经顺治、康熙两朝极力恢复、发展生产，对于清初的青岛百姓而言，灾难却远远未曾结束。顺治四年的暴雨，"水与城齐，民舍倾颓，漂流浮尸积道口"；康熙七年的地震，"城郭屋宇崩颓无算"；更为悲惨的是

---

① "大难不难，大歉不歉。千难万难，不离崂山"是胡峄阳根据胶东一带所处的地理位置和自然条件总结出来的。"难"指兵祸，即墨地处山陬海隅，属兵家之"绝地"，一般大的战争不会在此发生，就算战争延伸到这里也可能接近尾声了，百姓可以安居乐业，因此称"大难不难"。"歉"指天灾造成农业歉收，即墨崂山地处沿海，属暖温带海洋性气候，夏季雨水充足，特大旱灾不会发生，因为离海近不会积水为患，所以也无大涝。即使有时小旱小涝，庄稼也不会太歉收，称为"大歉不歉"。参见胡作胜、胡维东所著《胡峄阳传说》，2006年，第27—29页，内部资料。
② 胡翔瀛.竹庐家聒[M]//胡翔瀛.胡峄阳文集（五）.上海：上海古籍出版社，2011.

康熙四十三年的饥荒，"饿莩相望，草根木皮立尽"，甚至出现了"人相食"的情景。据统计，清初顺治、康熙统治的短短 70 余年间，共发生水旱饥荒 11 次，地震两次。清初青岛百姓生活之苦可见一斑。除天灾外，更有人祸作祟。"顺治十年，胶州总兵海时行作乱；顺治十八年，栖霞土寇于七作乱。"这是史志记载的大规模作乱，而因天灾人祸兴起的盗贼更是数不胜数。"（即墨）西北一带，劫禾发箧，实繁有徒。……又或窥伺孤弱，掺梃侯门，名为暂借，实则横夺，被害者吞声饮泣，不敢自言。"①

可以推断，在清初青岛地区的百姓面对天灾人祸带来的严重危机时，自身安全的需求有多么迫切。然而，对与胡峄阳同样处在青岛社会底层的大多数平民百姓而言，并没有权势与保障可以让他们依靠。因此，想要求得安全，胡峄阳可以想到的应对方法只有以下三点：首先，谨言慎行，少问世事。"闻恶言、闻邪言，耳要聋、口要封。见恶事、见邪事，目要瞽、心要定。"（《防幼儿善恶邪正出入门户便口辞》）"爱看时，须学瞎；爱说时，须学哑。"（《示益寿便口辞》）人们希望通过约束自身言行，不关注社会上的恶事恶言，不给他人以可乘之机，以此达到保护自身安全的需求。其次，借助法律，守法自保。《示幼儿知法便口辞》说："为人休犯法，犯法没人替。为人要守法，守法得便宜。王法最无情，犯了饶不的。……针草不许偷，逢偷即非义。才不安理行，便坠有罪地。"只要自己不犯法，就不会有来自统治者的惩罚，也就可以借此保全自身了。然而，虽没有触犯法律，但生活中若与人有纠纷怎么办呢？再次，妥协避让。"人骂休回口，人打且须走。凡事看着天，强梁不能久。要与善人亲，莫与恶人斗。"胡峄阳为这一篇便口辞命名为"趋吉避凶"，可见在他的心目中，在普通百姓的心目中，妥协与退让无疑是求得安全生活的最直接方法了。

清朝初年，刚刚经历过战乱的汉族社会各阶层，都不约而同地选择了谨言慎行、明哲保身的处世态度。这种态度与心理在清初的家训篇章中比比皆是。孙奇逢的《孝友堂家规》中亦有"守分以远畔隙，谨言以杜风波，暗修

---

① 林溥修，周翕黄，等. 即墨县志[Z]. 北京：中国和平出版社，2005.

以淡声闻，好古以择趋避"①的训诫。只是，清初的青岛，由于自身特殊的地域环境及频繁的天灾人祸影响，这种求安全的社会心理比之其他地区更为强烈和迫切而已。我们也可以看到，比起其他家训中仅约束自身以求安全的训导，胡峄阳家训中"骂不还口、打不还手"的训诫更让我们感慨于清初青岛百姓为求一夕平安而做出的妥协。

二、远赌与好赌的社会风气

赌博，也称博弈、博戏，在中国已历时久远。赌博发展到明代，已遍布城乡，渗透到社会的各个阶层。清朝建立之后，有鉴于赌博的社会危害，对其进行严厉禁止。对赌博者，不论兵民，"俱枷号两月"；开场窝赌及抽头之人，"各枷号三月并杖一百"；对于参赌的官员"革职、枷责，不准折赎"，且此后不再任用。在这样严厉的禁赌政策下，清初禁赌取得了一定效果，"斗狠酗博之莠民，屏息而不敢出"②。然而在青岛民间，情况却并非如此。清初的青岛，"第僻处海隅，不通贸易"与外界沟通较少，且"令数易于上，法屡变于下"，国家禁赌的法令难以执行。同时，清初青岛百姓生产以田耕为主，到冬天农闲之时，百姓无其他娱乐方式，赌博之风也就传承了下来。

清初青岛民间的好赌之风，从《竹庐家聒》中可见一斑。晚年的胡峄阳，在家中闲坐时，就见"邻家子，拾樗蒲物，来与拈弄"。樗蒲，又名蒲戏，是古代博戏的一种，由于五个骰子常用木质材料制成，故又称五木之戏，是当时民间较为常见的赌博方式。这样的赌具，出自孩童之手，可以想见赌博在清初青岛民间的盛行。而胡峄阳在与其友人平心居士的谈论中，也谈到了在青岛地区流行的戒赌歌。由于年代久远，当时流行的戒赌歌的内容已无从考证，只是，民间既有流行的戒赌歌谣，也可以从一个侧面看出清初青岛民间的赌博之风之盛。更为生动的是胡峄阳在《示子弟远赌便口辞》中对赌徒行为及心理的描绘，"赌钱人，实可怜，赢了时满肚子是钱，输了时鳌子底

---

① 包东坡. 中国历代名人家训精萃 [M]. 合肥：安徽文艺出版社，2000.
② 昆冈，李鸿章，等. 钦定大清会典事例 [Z]. 北京：中华书局，1991.

上煎。赢了时还想去忘食和眠。输了时过不得度日如年。家业荡尽，精神耗散，父母不喜见，妻儿胡厮怨。邻里怕，朋友远，骨肉亲戚背地也笑谈"。如不是亲眼所见，哪里能有如此形象的描绘。也正是有感于清初青岛民间的赌博之风对家族及百姓的危害，胡峄阳才会在《示子弟远赌便口辞》中谆谆教导子弟，"会了的早回头，回头是岸。不会的切莫说我偷闲，我乘便，不妨事玩一玩，怕掉在苦海无边。"

自宋代市民阶层兴起以来，中国的普通百姓也更多地走上了历史舞台，平民家训逐渐出现。与帝王、贵族及士大夫家训相区别的是，由于平民家训的编写阶层为布衣百姓，平民家训更多地体现了其世俗化的特色，在内容中加入对当地社会风俗及世事民情的描绘，也体现了家训的社会教化功能。胡峄阳家训中有关"远赌戒赌"的训诫针对的正是清初青岛地区好赌的社会风气。

三、读书为乐与尚读书的社会教育

宋元以前的青岛地区，虽有所开发，但人口稀少，经济落后，文化并不发达。《隋书》称：即墨俗尤朴鲁，人鲜文艺。然自明代中叶以后，随着海上交通的发展和商品经济的兴盛，青岛地区的经济大为改观，人口增多，教育文化也逐步发展起来。《即墨县志》载"缙绅尚礼节，士林多行谊""礼义之风有足称者"。至于清初，战乱使得青岛的文化教育一度停滞。"康熙元年，停科试""康熙二年，裁训导"。直至后来，统治者为稳定社会秩序，巩固统治政权，在全国各地积极推行文化教育。康熙十二年（1673），恢复了青岛地区的科试。康熙十五年，训导恢复。同时，重修先师庙、崇圣祠、儒学学堂及乡村义学，并增加了县学的招生人数。除政府的推动作用外，清初青岛地区的蓝氏、黄氏及杨氏几大文化家族在促进青岛地方社会的文教发展上，也起到了积极作用。这些家族人才辈出，且注重相互的交流与讲学，为清初青岛地区的教育发展，营造了良好的氛围。同时，由于地域经济发展的差异，这些文化大族多是耕读世家。这也给了以田耕为生的青岛百姓们以希望，自己的儿孙也可以通过读书获得"出头之日"，哪怕不能借此发达起来，也是"清贫犹胜浊富"。①

在清初青岛地区全社会尚读书的社会教育氛围下，胡峄阳作为清初青岛胡氏家族中难得的饱学之士，对家族子弟更是大力勉励其好好读书。"别无事，且把书念。细细嚼，漫漫钻，无限滋味在眼前。尝着时，如饮美酒，如逢盛馔，如没衣乞儿忽遇春天。好受用、好受用，便是黄金也不换。这个乐，乐无边。"既体现了读书的乐趣，也可以从中看出清初青岛社会的文教发展状况。

四、避嫌守节与礼教束缚下的女子教育

青岛地区民风朴鲁，自战国齐文化之后文化发展缓慢，明代中期，统治者将程朱理学用于治世后，理学很快与青岛农耕社会男权至上的社会文化相结合，成为青岛地区的主流思想。至清初，统治者沿明制，大力提倡理学以巩固其统治。青岛社会对女子贞节的要求也愈演愈烈，要求女子守节的《女儿经》纷纷出现。胡峄阳作为清初青岛的理学大家，对女子守节的思想深以为然，他专门为女子作训，要求女子避嫌守节。避嫌，避的是男女大防。"逢男子，当回避。目不接，语不交""凡事识回避，免了人猜嫌""男不杂女行，女不靠男旁"。②要求女子只可谨守门户，绝不可与男子有私下交流。避嫌，是对女子行为进行了束缚，而守节，却是封建社会对女子身心的极度迫害。女子要守节，"持守时，要义烈。气严正，清秋节。面如冰，心似雪。身如木，肠似铁"。在程朱理学女子贞节高于生命的理论指导下，清代的青岛妇女走上了一条不归路。《即墨县志》中守贞妇女，即夫死不嫁者 323 人，守节妇女，即夫死殉葬者 134 人。③清初青岛妇女守节殉烈之盛行，达到了登峰造

---

① 参见清雍正时即墨人孙仲抚的家训著作《亦成编》第 17 页"读书篇"。
② 胡翔瀛. 女闲[M]. // 胡翔瀛. 胡峄阳文集（五）. 上海：上海古籍出版社，2011.
③ 《即墨县志》第 295 页："即邑素重节烈，民间苦节幽贞委巷贫嫠，率多湮没，经多次采访，并两次殉难妇女，共得四千七百零六人。汇案请旌，已刻有节孝录。详纪事实。兹集不能备裁，仅录其总数备考。"参见清同治《即墨县志》2005 年。

极的地步。

女训是迎合父权制社会主流思想的产物，清初青岛地区理学的兴盛，使得这一时期的女子教育带上了持贞守节的礼教牢铐。胡峰阳作为清初青岛地区的平民学者，其女训著作中深含的避嫌守节思想反映的正是清初青岛地区极度受礼教束缚的女子教育状况。

家训是儒家文化的通俗载体，也是社会文化的传承媒介。其具体内容随着时代、地域及写作阶层的不同而呈现出不同的特色，反之而言，家训的特色反映的也正是当时的社会文化状态。胡峰阳的《竹庐家聒》《女闲》是在清初的青岛地域产生的，它的内容一方面反映着当时的社会文化状况，另一方面也针对这种社会文化状况提出了对家族子弟的道德及行为要求，对胡氏家族及地方社会的稳定起到了一定的积极作用。近年来，在中国乡村社会，虽然物质文化水平大大提高，但一些社会陋习和恶劣风气依旧存在。乡村地区对百姓进行精神文化教育的乡规乡条层出不穷，效果却并不理想。除却政府执行力度不够的原因外，乡规的内容流于表面，教化不具备针对性也是重要原因。因此，笔者认为，从不同角度认真考查具体情境下的社会文化状况，进而制定相应对策，无疑比生搬硬套他人的经验更为实用。

作者简介

王亚男（1986— ），女，山东威海人，硕士研究生。

胡峄阳《易象授蒙》整理的思考

张一迪

对胡峄阳作品的系统性整理,目前可见的主要是《胡峄阳先生遗书》《胡峄阳文集》两种。前者共包含胡峄阳著作 11 种附 2 种,后者则是整理了《易象授蒙》《易经征实》《峄阳先生诗选》《柳溪碎语》《竹庐家话》五本书.

胡峄阳本身对易学颇有研究,其《易象授蒙》和《易经征实》二书,是胡峄阳对易学研究的总结,尤其是《易象授蒙》一书,虽只取六十四卦,但与日常生活教学相联系,是研究胡峄阳处世观念、儒学门径等内容的攀援之路。

下面我将从文献学的角度,以《易象授蒙》为例,谈谈对胡峄阳著作的整理研究。

一、横向研究

《易象授蒙》作为易学研究著作,不仅要考究其易学研究价值,同时要考察其蒙学研究价值。

1. 易学价值

胡峄阳选择易象作为考究对象,是明智之举,相对于奥烦的义理,易象更加形象,更容易理解。《左传·昭公二年》记载了晋国韩宣子来聘于鲁国,得观《易象》与《鲁春秋》之事,这说明从易象的角度来阐释剖析《周易》不是无根之木。

将胡峄阳《易象授蒙》中的易象阐释进行系统归纳,并将其与清朝以前的易学著作相对比,讨论其继承与新变,将其与同时代的易学著作相对比,淡论其差异与类同,是研究《易象授蒙》易学价值、分析胡峄儒学观念的必由之路。

2. 蒙学价值

蒙学是中国传统教育中的一个重要阶段,其主要目的是为了教会儿童认字。对《周易》的研习,则需要深刻的功底。胡峄阳将《易象授蒙》作为儿童的启蒙教材,一方面是由于其以易象为主,更加直观;另一方面则是由于其主要目的是为了将儒家的哲学观念与日常生活相结合,以达到教书育人的目的,其言"使知辨志之年,学有指归"。

考察《易象授蒙》的蒙学价值,须得将其与清初的其他蒙学教材相比较,辩证地看待其优缺点以及其以图像作为教学手段在当时的先进性。

二、纵向研究

1. 对胡峄阳本人的补充

《易象授蒙》一书传达出的观念,是胡峄阳自身钻研儒学易学的经验总结,相对照其在《柳溪碎语》和《竹庐家话》中对家族子弟的训导,是对其立世准则的全面性映证。

2. 对民风世俗的反映

《易象授蒙》言:"《周易》六十四卦,皆切于日用,之实修己治人之道备。"胡峄阳传授易学中的修己治人之道,也能从侧面反映出当时青岛地区的士人风尚,为了解时俗乡礼提供一定的研究材料。

三、其他整理研究

1. 对《易象授蒙》的校释训诂、引文等进行研究,总结其文献学、语言学的价值。

2. 对当代启蒙教育的启发、对胡峄阳作品、教育理念等的传承。

一代先哲胡峄阳

居 然

胡峄阳,生于明崇祯十二年(1639)殁于清康熙五十七年(1718)。名良桐,更名翔瀛。峄阳其字。号云屿处士,别号不其二崂山人、古洞月鉴道人。乡谥靖洁子。胡峄阳生当明清鼎革之际,立于康熙全盛之世。不事逢迎,潜心理学,精研《周易》,修己诲人,以布衣终其一生。所著有《柳溪碎语》《易经证实》《易象授蒙》《竹庐家聒》《寒夜集》等书10余部。其学说循以经义,发于心得,精研微契,切于实用,成一家言。当今学界,概称之为"峄阳文化"。又以其料事如神,逸闻颇多,传说寓于信仰之中,形成民间文学,2014年,"胡峄阳传说"列入国家级非物质文化遗产代表性项目名录。

涵泳于峄阳文化,寻贤步圣,明理达道;优游于峄阳故里,吟风弄月,烟霞可赏;祖伴于《城阳文艺》芸叶之香,桃红柳绿堪随,柿黄榴笑可追;约从于"峄阳文化"蕙兰之韵,前修遗韵如在,后进风藻竞开。

在城阳区流亭街道洼里社区的西南角,白沙河畔,有一处小小的园林,虽说也有花亭水榭、绿树清荫,但因毗邻青银高速公路和一个现代化社区,时人会以为这只是一处防护林而已。的确,乍一看去,不过是一般的园艺景观,并无什么特别之处。但这里却常常会吸引着一些参观者慕名而来,在这个小园驻足、徘徊,留下他们虔诚的身影和崇敬的目光。因为这里和一个令后人难以忘却的名字有着无法割舍的历史渊源。

这是一个终生不试的处士,清静自守,品行高洁。

这也是一个不求闻达的儒者，诗书自道，皓首穷经。

这是一个民间理学家，精研《周易》著书立说，人称"布衣先哲"。

这也是一个传说中的"神仙"，帮危扶困，解惑决疑，在一方百姓的心目中神圣不可颜犯。

他，就是胡峄阳，一个真真正正实实在在的历史人物，也是一个在民间广为流传的奇人异士。三百多年前，他就居住在这方小小的土地上，这方小小的土地也因为他而闻名遐迩，永载史册。

胡峄阳属明末清初人，本名良桐，晚年更名为翔瀛，自号云屿处士，乃即墨仁化乡人士，即今青岛市城阳区东流亭人。

他出身于书香门第，幼承家学，勤勉自励，少年时即名噪乡里，却因生性倔强，府试时不肯受搜身之辱，于考场愤然而出，誓不再试，一生终老林泉。史载其"生有异禀，研精《周易》，于濂洛之学别有微契"。据传，其年七十预示死期，无疾而逝。被其后世子孙尊为胡氏十世祖，人称"胡三老爷"。著作有《柳溪碎语》《寒夜集》《易经征实》等传世。

园林的北边缘处，就是他的故居遗址了。三层平台，占地不大，俱用崂山花岗岩建成。四四方方的台座，普普通通的石碑，碑前设香案、香炉，四周有围栏，松柏环绕。我们一行到达的时候，香火渺然。

拂袖场屋

清顺治十二年（1655），年方一十六岁的胡峄阳风尘仆仆地从家乡流亭赶赴莱州府，来这里参加当年四月举行的府试。

在明清两朝，科举是与学校相结合的，考生要想参加乡、会、殿试这三个级别的正规科考，先得入官学才行，除非皇帝的恩准，应童子试是入官学的唯一途径了。只有完成并通过县、府、院的三轮童子试，获得生员称号，才能取得入学资格，才可以参加由省城主持的每三年一科的乡试——即俗称的"秋闱"。

胡峄阳这次要参加的府试正是应童子试的第二道门槛。跨过这道门槛，他就会成为一名童生，距离生员（即秀才）就只有一步之遥了。

此前，胡峄阳已顺利地通过了县级的初试。这对于自小就聪颖而又勤学的他来说，不过是小试锋芒而已。十年磨一剑，现在，霜刃已到了该出鞘的时候了。

农历四月的莱州府，农忙方过，到处都是万木争发、生机盎然的景象，前来应试的胡峄阳似乎并没有感觉到些许疲累。近几年，正当大清甫定之初，虽说南明势力尚有残存，百姓民心也时有反复，再加上剃发、易服等高压政策所引起的满汉矛盾冲突，社会局势仍显动荡。但这正如去冬的绪风，对于浩荡春天的到来不过是徒自挣扎，无可奈何了。况自顺治帝亲政以来，整顿吏治，关注农业生产，广开言路，网罗人才，励精图治，颇有作为，大清王朝地位已渐次稳固。天下士子之心，一年比一年安定下来，那些博取功名、学而优则仕的传统思想，就像那冬天里的草根儿，一茬一茬地，都想着发芽过春天了。

自从汉官范文程于顺治二年上疏当朝"请再行乡、会试，广其登进"，重新开科取士以来，这已是第九个年头，士子们应试进学甚是踊跃。毕竟，与难得一沐的上恩相比，这才是入仕的唯一正途，也是当世才俊一抒胸中块垒、留得百世声名的一条通天大道。此际，对于年轻的胡峄阳来说，他正处在人生的春天，学业有成，踌躇满志，有的是美好希望和远大前程。

考场是府学专建的一些号舍，通常称之为"场屋"。莱州府真实的场屋是什么样子，我无法考证，但我看到过现存最大的江南贡院的一些网上图片。那千篇一律而又声势浩大的场屋群，像队列一样严整壮观，颇有动人心的力场效应。只是队列是活的，而场屋是死的。那一个一个的小场屋古板而紧密地挤在一起，显得低矮、昏暗、毫无生气；屋内陈设简陋、空间局促狭小，仅可容身而已。我甚至想，如果它们再矮一些，那么看上去似乎就与儿时农村的猪羊圈没有什么太大的区别了。

但就是这些小小的场屋，却有着如此巨大的魅力，使士子们一个个低眉顺目、拱首以待。就是这些囚笼一样的小屋子，将那条通天的大道束缚成一条独木小桥，使无数的过客失足跌落，有些士子甚至到了白发苍苍的晚年，也依然是一个童生，遗恨红尘。也正是这些无知无觉的砖瓦土泥，埋没了无数士子才人的落魄人生，见证了各种各样的丑陋心态，扭曲了难以数计的隐藏在华衮之下的委琐人格和卑贱灵魂。

时隔三百五十余年，我已无法想象当年胡峄阳走向考场时的情景。但我知道，他一定没有想到他会在一间小小的场屋面前再也无法举步，他的最后一次应试会在他未及弱冠的年华戛然而止。从小到大，在他的心底里萌动着的就是读书仕进、通达济世的理想，因为他知道自己是儒家的子弟，他知道他的父亲对他所寄予的厚望：峄阳孤桐，凤凰栖居之良木也。

但是面对脱衣搜身这样爬罗剔抉式的严密防范，面对与锦绣前程相生相伴的人格侮辱，胡峄阳又能做些什么呢？熟读四书五经的他，骨子里已经积淀了中国传统文化的精髓，富贵不能淫、贫贱不能移、威武不能屈的人格精神已经深深扎根在他的心灵深处，铮铮傲骨，岂能是一个小小的场屋所能屈折的吗？

面对如此宵小之举，胡峄阳拂袖而出：视士子如盗贼，岂能为国求得贤才！

在能够决定他命运的科举制度面前，他只轻轻的一袖，就果决地将功名利禄弃之身后，持守了自己人性的尊严。这一拂，或使大清王朝失去了一位正道直行的名臣，却使世上多了一位孤高自许之奇人；这一拂，当是大清王朝梁栋的损失，却是家乡百姓的福分——他的道德文章必将惠及子孙后世，使他们世世代代享用不尽。

今人刘世洁兄——东流亭史志办主任，精研古文，通晓诗赋，专门负责村志及胡峄阳文化的研究和史料的发掘整理工作。历十几载，钩深索隐，正本求源，存史证、叙传奇、行宣化、布德泽，功莫大焉，而不以名利为意——曾有诗赞峄阳先师的磊落人生：

　　　　拂袖场屋意怅恍，英才不遇自堪伤。
　　　　生将块磊添山岳，却把豪情付讲堂。

且葆心斋勤洗耳，何涎五斗赖周粮。

闲开半亩梅花地，雪染红花月染窗。

恕我孤陋寡闻，据我所知，胡峄阳是科举史上的特例。其生当革故鼎新之际，人心思定，百废待兴。当此时，身为少年士子，思进以报国，为其忠义之心；志退而善身，是其高洁之性。面对唾手可得的功名，为保持自己人格的独立，而能进退有据，秉持一心，可谓前无古人，后无来者。于今观来，宁不为一时之佳话，千古一奇人哉？

祠堂春秋

2011年4月初，我有幸参观了位于东流亭的峄阳公祠和正在建设中的胡峄阳文化园。流亭古称钟灵毓秀之地。胡氏先贤映藜先生（峄阳之子）有文记其胜："二崂群峰竞秀，崔崒嵚崎，东临大海，淼渺澎湃之概，苍茫无涯。西则平畴万顷，大河绕其南，不其马岭拱其北。其中冈埠回环，林木郁葱，灵秀之所钟聚。则流亭实山水奥区。"

世洁兄曾就"流""亭"二字做过精当的解析，认为"流"则活，活则兴，兴则发，有传布之意；"亭"为行人停所，宜居；又有耸立高远之态、抚养培育之意。二字相合则境象冲和绵远，意蕴深长。

古流亭本并无东、西之别，其分亦不过百年。原流亭之所演化、发展，可谓历史悠久，人文荟萃。其地处南北之通衢，有明以来，即辐辏相接，商贾云集，其后日益兴盛。洪武年间有周、胡二氏迁居于此，比邻而居。二氏世代姻亲，互为倚重，一荣俱荣，一损俱损。六百年来繁衍昌盛，乡贤望达，人才辈出，堪为乡谊之典范。

胡峄阳就出生在这一方活泼泼地，时当崇祯十二年，公元一六三九年。

按干支推算，胡峄阳出生于农历己卯，距今三百七十二年。也就是说，今年正是他的本命之年——农历辛卯年，而且，我们去的时候，正是他当年参加莱州府试的季节。我不知道这只是巧合，还是冥冥中自有安排，让我们在这样一个颇有纪念意义的时令里来与一位我们崇敬的先贤结此善缘。实可谓"于我心有戚戚焉"。

今年的春天虽说已经早早来到了,却恰逢清明时节,天气反不甚晴朗,春意因而颇打了些折扣。但是东流亭社区的建设却在如火如荼地进行着。凭借着陆空港的优势和处于大青岛立体交通网络枢纽中心的有利地位,这个昔日的村庄正在向着综合性、一体化的大城镇迈进,东流亭社区的"春天"此时也正在盛装驾临。

峄阳公祠就坐落在这林立的楼房之间。

这是一个很有意味的布局。传统与现代、怀古与创新、先贤与后学、本源与发展,竟这样对立而又统一在了一起,似乎正在诠释和传承着一种独特的和谐理念。面对着这座并不古老却又源远流长的祠堂,我颇多感慨。祠外,就是我生活的当今社会——中华民族亘古未有之大变局,东流亭作为民族复兴大业的一个缩影,正在阔步前进。祠内,却是大清盛世开泰之期的一棵铮铮作响的峄阳孤桐,历久弥新的思想先哲。其间三个大时代,跨越数百年,却只被两扇窄窄的祠门所隔。历史的转换竟是这样地让人无从言说,难以释怀。

是的,只要跨进这道门,无论祠外是怎样的繁华与富贵、意气与风流,都将在一瞬间变得无足轻重。庄严和肃穆将驱散时代的浮华,留下积淀了的沉着与浑厚;那袅袅的烟霭将向我们款款地布施一个灵魂的孤傲和高洁,它的轻灵和飘逸弥散着来自历史深处的大道与福祉。

我历来不相信鬼神,但我此次倒宁愿相信峄阳先生的清虚之灵正在驾临端正,使我在冥冥中可以端坐于他讲经的台下,来聆听那悠远的、祥和的诵读,来体味那不可言传的妙悟与精思。

今夕何夕

这是一个独立的一进小院落。小小的院子,三间供室,给我的第一印象是简单、朴素,甚至有些粗陋。这对于一个只是在民间传了三百多年的异人来说，似乎有些相宜；对于一个在政治上也并无什么特别建树的古人来说，似乎也没有什么可说道；但对于一个在气节上标炳史册的历史名人来说，却是有些单薄了。

陪同我们参观的东流亭社区的朋友介绍说，原祠圮于1976年，诸多珍贵文物或遗或毁，损失巨大。现今的规模还是胡氏子孙多方奔走、筹措，于八十年代初建立起来的。言及此事，祠堂守护者还笑言："后面的匾额是找了一个卖对子的写的，连字的顺序都弄反了。"

果然是。后面的匾额上从左至右写了四个字：报本追远。用的是红漆，笔画倒也大方。

听他们说完，我并没有笑，反而为自己刚才的想法而有些赧然。对于胡氏后人来说，胡峄阳是他们心中的神，他们不能没有峄阳先公的庇佑。即使在当时年代那样窘困的条件下，也想方设法地为他们的先公建庙立碑，安顿好他的神灵，使祭祀永享，福祚绵长。他们的举动或许不合规矩，或许错漏时出，但他们的心是虔诚的，他们的情怀是真挚的，他们为后代子孙祈福的愿望是美好的，是与他们峄阳先公的事迹一脉相传的。匾额上所写的那四个字正是他们所做这一切的真实写照。

祠堂的布局与传统的庙堂大同小异。居中的是神龛，供奉的是峄阳先师的画像，其后并列着他和儿子及两位夫人的牌位。四围鲜花环簇，龟鹤值守。左右壁上各挂着一些书画作品，俱是后人追怀慕远之作，有联曰：本支百世聿修厥德，孝子不匮永锡尔类。后面壁上也有一副长联：

　　歉而不歉，乱而不乱，居之唯崂山最稳；
　　儒也为儒，仙也为仙，精神与墨水同长。

可视为其一生行迹和术业的概括。字迹书于木板之上，端庄大气，朴实凝重，很合神主意蕴。

院子里杂植着松竹、银杏与秋桂，小径两旁有牡丹、芍药，一棵耐冬卓然挺立于侧。除此之外，就是我们这些俗人了。

知道我们来，祠堂的侍者已早早地点上了蜡烛，燃上了香。我们始终在云烟缭绕间漫步仰望，追思怀想。试想，峄阳公之生，距明亡仅五年，距顺治开科取士仅六年。治乱之间，交替之时，满汉易位，尊卑移序，天道往复循环，往往有异人出世。公得非其时欤？要不然，人间多的是达官显宦、大屋豪门，也不缺文人雅士、巧匠能工，何独"非晋非唐非宋，也儒也佛也仙"的峄阳公世间少焉？当其一拂成千古，名动莱州府时，满场士子又何有出其右者？在强权制度和话语权力面前，他决然而退，回到了柳溪，走向了竹庐，步入了云山深处。其决绝之心、义无反顾之态，亦焉有人可与相俦？正如两千年前的孟子之所谓"舍生取义"一样，在功名与尊严之间，胡峄阳毫不犹豫地选择了后者，为自己的人生选择了一条光明磊落的道路。

胡峄阳的选择，使他彻底抛弃了依附王权以谋求腾达的奴性思想，完成了自身独立人格和独立精神价值的涅槃。这种选择，是一种常人所难以承受的精神担当，这种担当的背后，则应当是胡峄阳处世思想观念的一次大蜕变。

这里必定有进与退、新与旧、显与隐、苦与乐相互交织着的矛盾和复杂心境，必定有人生之路的重新考虑和定位。

当其时，"达"，既已不能，何谈兼济天下？"穷"，却依然如故，则唯有独善其身。儒家的人文道德精神不仅在这里真正发挥出了坚如磐石的作用，而且由此开启了胡峄阳以儒家道德思想为根、以佛道理想为表现形式的一代哲人的历程。这正是中国传统文化中一种极为重要的思想倾向——儒道互补。其上承三代，下启当今，渊源有自。在周礼最为昌盛的时代而有老子，在孔子仁义学说之后而复有庄子。即如孔子本人也曾说过"道不行，乘桴浮于海。从我者，其由与"这样透着道家真谛的话。三千年来，虽说儒家已成为中国文化的主流，但道家的出世思想、纯任自然的道德精神，始终与儒家建功立业的入世理念相伴相随。故而在《读苏武传》之后，胡峄阳也多有"生来倦谢人间事，还似一家万户侯""远渚归来十里沙，鹤闲松老一峰遮"之类的吟唱，其平生胸次，可管窥一斑。

然而，又有谁能够真正懂得胡峄阳当时的复杂心情呢？也许，决绝与归隐并不是他的全部。当春天一次次来临，四月的熏风怎不令他感慨万千：

窈窕生来二十年，羞将胭脂画牡丹。
青梅已自三分落，吉人谁曾问淑娴。
蛾眉日在天孙边，学得鸳鸯独自看。
不遇良媒终不字，谁愁惨淡守十年。

其一以美人青梅自喻，伤其不遇；其二以织女自比情操，虽怀抱珠玉而不肯与世同流，独守高洁。此诗名为《当春》，推测似在胡峄阳最后一次应试十几年左右的光景时作。此间情形实令人想同身受，唏嘘不已。

听村人介绍，每逢正月十五，前来祭拜的乡民络绎不绝，排队排得老长。心可谓诚矣。不知当虔敬的善男信女们顶礼膜拜过之后，是否会想一想，当年他们的先公峄阳从考场前拂袖而出后，又会向哪里去呢？又该如何料理自己尚嫌年轻的生命呢？毕竟，前无古人的高行伴随着的也是锦绣前程的黯淡，后无来者的气节兆示着的也是不合时俗的孤寂。而仕途虽断，人，还是要前行的。

结缘书院

慧炬院，崂山最古老的寺院之一，胡峄阳当年读书处。

应该说，莱州府之行所引起的冲击和影响对胡峄阳及其家门来说无疑是明显的，甚至是深远的，尤其是对胡峄阳期望甚厚的胡际泰老先生。我们无从想象当年的实际情形，但期间的种种因由、诸多渊源，不一而足。当是时，称赏者有之，劝勉者有之，惋惜者有之，训诫者有之，再加上街谈巷论，清议四起，遂使胡峄阳其人其事成为一时之重，蜚声乡俚。而对于胡际泰老先生来说，舐犊之情与平生夙愿是如此无奈地交织在一起，虽百口岂能言之？其身其心其情其状，正是"无可奈何花落去，似曾相识燕归来"。父为处士，子宁蹈污浊乎？可谓有所从来矣。

但胡老先生依然期望他的良桐能够成就一番学业，举端正，治贤良，造福一方百姓。虽说科举之路是走不通了，但条条大道通罗马，成功的路当不止一条。往朝不以举业成名成家的仁人志士、名臣良相，也不在少数。诸如大唐的李杜、贾岛，前朝的金圣叹，俱有屡试不第的经历。还有当朝的顾炎武，时已声名鹊起，当地亦有盛传。或许，对于胡峄阳来说，通过自身坚持不懈地修养与学习，终将张扬抱负，建树门庭，成就大家之业，也不失为一条光宗耀祖的"终南捷径"，以稍稍平抑一下科场失意的遗憾呢。

言而总之，无论怎样，家人没有让胡峄阳违背终生不试的誓言。胡峄阳最终是坚守了风骨，遂了自己的心愿。但一时的个性意志是以后来的反思为代价的，违拗的苦痛也是后来逐渐显现和加深的。他在忆念已故双亲的《歌老莱子》诗中有序道："少时生慈颜膝下，懵然无知，任性使气，忤逆我父母多端，曷堪追焉。及衰晚之年方觉，而亲已远矣。"

正如诗中所说，"厥后事亲多少人，中有一叟口难传"。其自责之深、愧疚之痛，溢于言表，令人不禁。

或许一切皆属我妄加揣测，菲薄古人。总之，从莱州府科场回来后不久，胡峄阳即来到位于今崂山西麓华楼山阴石柱涧中的慧炬院过起了半隐半读的生活。

"自响石渡溪而北，萦行田间，至篱下马步进。涧水从乱石下出，曲折百状。潺源可听。入门竹树幽茂，辟荔满墙，茅屋在石岩下，益奇。"

从现存的明监察御史蓝章所作的《明成化丁未重修慧炬院佛殿碑文》引出的这段文字，可以看出慧炬院在当时是一个相当不错的读书胜地。时当一四八七年，这应是继隋代开皇二年之后，慧炬院的第二次重修了。按当时所记，慧炬院"重构大雄殿……以成为楹者五，崇若千尺"，"为华严海会之像……所谓宏博广大者"。按胡峄阳在此读书当在1655年之后，距此次重修不过百年左右，距海印寺被"毁寺复宫"仅有五十五年，当属慧炬院繁盛之期。

这里提到的海印寺，与慧炬院及胡峄阳读书生活都是密切相关的。此寺本由明代高僧憨山建成于明万历十六年，即1588年。但因受宫廷争斗的株连，憨山被充军海南——今曹溪宝林海印寺即其建树，崂山海印寺则于万历二十八年被毁，仅存十二年。史载该寺气势恢宏，佛宇僧寮之盛，可与五台、普陀比齐。

海印寺被毁后，寺内大量藏书悉移存于慧炬院，遂使该院既为寺院，又成书院，得以跻身当时崂山著名藏书院之列。这为胡峄阳博览群书提供了非常便利的条件，为其思想的形成和发展提供了源源不断的精神食粮。

从现有的史料看，胡峄阳少时曾就读于流亭以东的洼里——胡氏二世祖所开之基业。稍长，即入慧炬院读书。所研习多为《大学》《中庸》《论语》《孟子》等与应试有关的儒家经典。从莱州府回来后，在慧炬院也有四到五年左右的读书生涯。除继续参研上述经书外，因于仕途已无甚瓜葛，遂于易理、史传更增兴趣。其后，因双亲过早离世，家境日趋贫寒，为生活计，不得不设馆收徒，做起了私塾先生。其专于馆业期间，也仍未与慧炬院断绝往来，而是空闲时辄故地重游，研读诗书，探讨易理，其志久而弥坚。

其时，崂山西麓石门以下诸峰，方圆百里，宫楼相属。仅就书院而言，即东有石门书院，西有镜岩楼，南有少山和华阳书院，北有慧炬院、太古堂、玉蕊楼等，可谓繁荣之至。再加上佛道两教寺院林立，香火广布，其历史渊源之深、文化氛围之浓、诗风文气之盛、儒道仙佛之杂，空前绝后，名噪一时。胡峄阳受此风气浸染，又感传统文化之博大精深，每每情怀发动，仰慕不已，遂于书院结缘，往来不绝，终其一生未稍有犹疑。尤于慧炬院情有独钟，于易理之学偏有所好，再加上他心无旁骛，专注向学，乃能经世致用，释疑解惑，遂使他亦儒亦仙的历史形象于此发轫，并终成传奇。

说来惭愧，慧炬院遗址我是一次也没有去过。据说是拆除于一九六六年，今只存庙址了，断垣残壁，不可卒视。也有说尚有古井一口的，是真是假倒也没有什么，我辈纵有万千崇仰之心，又能奈历史大势何？唯斯人已没，斯文永在，古院虽毁，而慧炬长存。

至于其他的，更是早已湮没无闻了吧。

也曾听说有有心之人奔走呼吁，拟以重建，果如此，则真大好事也。切盼，切盼。

君子之风

崂山的第一座书院当是东汉末年经学大师郑玄所居处，后人名之为康成书院。此院始建于中平五年（188），位于今铁骑山东麓书院村，现只有遗址了，且已难以识辨。但其首开崂山读书讲学之风，功德至今传颂。位于铁骑山以北的演礼村这一名字当为其流风遗韵。其后千百年间佛、道盛行，此道不兴。直到明朝后期，建院读书之风方始大盛。自明刑部右侍郎、即墨人蓝章告退归里，在华阳山前筑华阳书院以后，其子蓝田及后辈子侄均曾在此读过书。其后不上百年，又有黄嘉善一门三代在此筑院读书，连同其昆仲乡谊故旧知交等与之相往来，遂使当时崂山书院盛行，成为即墨文宗之所在，声名远播，达于四方。胡峄阳在此读书时，正当其鼎盛之期。

之所以会出现这种文坛盛况，应与明末清初的社会现实和道德观念有非常密切的关系。一方面是前朝遗老，执守操行，不肯在大清就仕，便于崂山选一佳境胜地，结庐而居，修真养性，研究学问。其中前明监察御史黄宗昌、太古堂的高弘图、被聘为黄家西席的原明户部主事莱阳人张允抡等，均名望卓著，气节为世人所称道，以致当时反清名士顾炎武慕名而来，盘桓半月之久，并亲为黄宗昌《崂山志》作序。另一方面也是承继祖风，书香传世的家族传统使之然。因为经历了上百年的发展，在当时的即墨已经形成了以"周黄蓝杨郭"为代表的名门大族，他们十分注重文化教育和对子弟的培养，因而各家人才辈出，代有贤达，而尤以黄氏为最。其中黄宗昌之子黄坦，曾从其父坚守即墨，为官洁己爱民，文绩武功不愧名门之后。去官后与其父写《崂山志》，常年居于玉蕊楼，晚年更是隐居于此。其与胡峄阳年龄相仿佛，时有往来；其兄弟子侄辈往来的也不在少数，其中多有有功名者。另有即墨蓝氏、宋氏、范氏家族的翘楚精英人物，如蓝念怡、宋琬、宋琏、范士骥及理学家韩良辅、解氏兄弟们等。这些人均与胡峄阳生龄相前后，而递相往来于各书院之间，君子之风，遂大行其道，而胡峄阳常与相游，获益良多。

胡峄阳中年以后，研究易理渐深，遂与韩良辅、范士骥、孙笃先及崂山百福庵道长蒋清山等一批执守操行、不与世同流的高洁之士、方外之友交往独切。还常应蒋清山之邀，去庵中小住，谈古论今，讲经论道。而与孙笃先尤为相合，二人兰契互剖，诗书往来不绝，相引为终生知己。

关于蒋清山和孙笃先，二者一为方外之人，一为隐君子之流，俱与胡峄阳过从甚密。前者18岁出家于崂山百福庵，字云石，又名迪南，号烟霞散人，江南人士。蒋清山酷爱书籍，好读书，于百福庵中藏有大量经典书籍，时称"蒋迪南书院"，且工书能文，行谊高洁，与胡峄阳为平生契友。后者昌阳人，号淮浦，胡峄阳在忆念他的文章《琴隐先生传》中曾盛赞其才学与气节。称其诗词书画，无一不精，尤于琴艺最妙。言其不阿富贵，和光同尘，闲雅冲淡，独任天真，仰止之情，溢于言表。

胡峄阳认识孙笃先当在他四十四岁那一年，"岁在癸亥"。这与胡峄阳年轻时困于生计而游历相对少些是相符的。之后，"余读书慧炬时，先生之噬肤好我也"，正是胡峄阳晚年对慧炬读书生活的深切回忆。当时，胡峄阳与之二人往来于慧炬院、百福庵等地，藉儒家经典与佛学道帙之书山文海，相与诗词唱和，讲经说法。时相与俯仰于山水之间，寄情于方外，留踪于自然，执柳叶以戏游鱼，曳浮云以舒怀抱。其人其事其境，真神仙中人尔。现在想来，固一时之快哉，亦人生之长乐也。

恕我妄言，在慧炬院及其周边地区的读书和游历生涯，对胡峄阳来说有着至关重要和相当久远的影响，几与其学术生涯相始终。虽然他游历范围较为广泛，如他曾经遍游崂山南北，并曾远涉即墨千里岩等多个岛屿，但其主要精力和时间还是放在了慧炬院，用以读书和研习《易经》。胡峄阳的学生胶州进士王经千还曾专门于胡峄阳仙去后撰文回忆，称自己"暮春既望，图山居于华阴……意实在慧炬也"，以远"追胡子之潜踪"，流露出深深的敬仰和怀念之情。

慧炬之光

慧炬者，智慧之光也。

《涅槃经》卷二十一：汝于佛性犹未明了，我有慧炬，能为照障。——而院以慧炬为名，是隋开皇年间佛教南派祖师慧光的弟子道凭为纪念其师而更易的。初以涧为名，号石竹庵。

如此算来，慧炬院距今至少已有一千四百多年的历史了。即如至胡峄阳读书之时，也已历千年之久。如此沧桑岁月，风雨砥砺，孕积了深厚的历史意蕴和文化内涵。千年间，名僧、名宦、名士，或往其院，或记其胜，或歌其事，都与慧炬院有着或深或浅的关系。这其中，胡峄阳应该算是渊源最为深长的一位了，胡峄阳之后，便再无来者。

我们无从知晓胡峄阳在这里是怎样读书的，也无从知晓他具体都读了些什么书。但他最终在慧炬院参透易理、得成"正果"，是毫无疑问的。据其传世作品来看，他于儒、道、佛俱有广泛涉猎，对儒家的立身养性仁义之说和理学家的易理、道家的自然观化、佛的明心见性等，乃有深知灼见，绝非民间所谓一个"奇"字了得。且又能博杂众家，明泾渭、辨淄渑、分良莠、立中和，格万物而致天理，以昭昭之明成一家之言。道德文章，哲思玄论，蔚然大观矣。

《柳溪碎语》是峄阳先师的一本哲学随笔集，分《看书》《观化》《鉴物》等七章。据考证为其中年后所作，凡二十余年，乃成。内容涵盖诸家义理，语浅而意深。书中精言警句，如珠玉跳盘，随处可掬，读之令人心清目明、愧然自悟。

其《看书》一章论"大公似私、精义似利"道："做事不本天顺理，虽善行亦是私意。如田间小路，自便则可，非通衢也。"一语道尽人心之私，实是万物之源头，圣贤之根本。

其在《知见》中说："凡事要实见得，浮知无济于事。今有人焉，素知坑坎能陷人，夜半沉醉闭目，而误入其中，非不知也，不见也。今人知酒色之伤人，不免犯之，是酒色之味见的亲切，而被伤之味不甚亲切也。……如长夜明灯，有鼠咬物，以灯烛之，张目即见，鼠去之后，灯止目闭，又不见矣；俄而鼠复来，复以灯烛之，即复见。是鼠之去来，由我之灯有明灭，见不常矣。使慧灯长悬，鼠来即见之而叱去，久亦不敢来。是见且分久暂，况浮知何益乎。"

正是慧炬之光，烛照之见，发人清明于暗黑中也。

可以这样说，胡峄阳源于慧炬、成于慧炬、终于慧炬。慧炬之光在他七十余年的读书生涯中始终点亮着，升腾着，由微弱到盛大、由昏黄到明亮，直到他把自己也化为一支火把，把光明和智慧的光芒永垂在这片人间的土地上，生生不息，世世相悬。

胡峄阳在其《静夜吟·其五》中曾自道其读书甘苦：

<blockquote>
事业随身不得闲，何分朝市与深山。
穷经尚自悲迟暮，济世经纶遑敢扳。
</blockquote>

并有诗后小序道："圣贤大行不加，穷居不损，只缘见的事事切己，随身不得闲耳。细思人生何处不有事业，何事不随身；何日是得闲，何地分朝市，任重道远，中和位育，煞有经济功夫也。"

堪为他一生格物致知、皓首穷经的注脚。

《柳溪碎语》后还附有《郑重男子身》一章，诗体，是悬崖勒马之缰索，迷途重返之棒。喝，可救沉沦、醒昏愦，为男儿者，不可不读。

另有《竹庐家聒》和《寒夜集》。《竹庐家聒》是峄阳公的一部箴言式传家读物，其中列次了持家、睦族、孝道、礼仪等方面的内容，语言清浅，读之便口易懂，可视为胡氏家训。另有《友义》八章，叙经传、弘友道、记行状、存伦义，情动于中，辞真意切，特有可观者。

至于《寒夜集》，本为峄阳先师读书笔记，现为某博物馆收藏，民间不传。有知之者以为其书博大精深，振聋发聩，非有缘者不可得，非有道者不能读，故予非敢遽然称许也。尚有《文论》数篇，亦未得见，兹不赘述。

除此之外，就是关于《易经》方面的书了。先于其莱州府试，继之于塾馆授学，专之于晚年研习，期间六十年岁月，胡峄阳对《易经》的研究是最为持久的。用功最深、著作最丰、学术成就最大。也有诗自道其心得成就："风雨一残编，游心三十年。所思已在望，尚隔几重山。"

关于《周易》，我是门外之人，知之甚少，更不敢随便说话，唯见其《易经征实》之胡鹏昌校本前有北平张荆甫序，对其"取全易卦辞之为吉、为凶、为悔、为吝者征以事实，溯其成败，部列而条比之"甚为敬服。此书是胡峄阳最见功力的著作之一，内容中所涉及的历史事实之多，征引之繁，足见作者史学功底。凡六十四卦三百八十四爻，事有治国、经兵、祭祀、稼穑、征聘、兴亡、礼制、文学、经济、评议；人有帝王、将相、宫嫔、阉宦、耆老、俊才、方达、贤士、村夫、野老。横列千百，包罗万象；纵贯古今，上及三代。俱能依辞而设其事、索其隐、明其征、发其义，其广博深精，足资后鉴，决非老学究、古道学可与相比，也非一般尚易之人所能望其项背。有识者谓为观止。

《松轩九图》则从天道循环的角度对人心道心进行解说指疑。认为人心放不下，则道心提不起，放下人心，提起道心，方始为大丈夫。提出了在物为理、处物为义的哲学观点，将正儒学奉为淳化世风人心的最佳圭臬。颇有启发意义。

另有易学专著《易象授蒙》等传世。

以胡峄阳在易理方面的成就，堪为清初之大家，后世乃以理学家称之。但因其著述义理艰深，少为人所知，并及家族传承等诸多原因，而一直搁置祠堂，未得刊印。直到民国丁巳年，有十九世孙胡鹏昌字海云者整理点校并出资刊印了《胡峄阳先生遗书》等数种，而得以昌行于世，功德传承至今。

文章憎命

胡峄阳虽说治学有成，名垂史册，但在他生活的当世却并不得意。大约在他二十岁时，父母即递相亡故，而胡峄阳未识经济之道，家境遂渐趋困窘，只好做起了私塾先生，先后在流亭、洼里、即墨城南关设帐收徒。乾隆二十八年《即墨县志》载其"家贫甚，一介不苟取，蓬室瓮牖，悠然自适，雅工制艺，视进取之途泊如也"，当是实录。

胡峄阳为塾师三十余年，养家糊口之余，笔耕不辍。《论语》载孔子评价颜回时说：一箪食，一瓢饮，在陋巷。人不堪其忧，回也不改其乐。胡峄阳庶几近之。其生当乱世，朝代更迭之时，道德破立之间，良禽择木而栖者多，坚持独立气节者少。而后者中能如胡峄阳之洁身自好者少之又少。或有人能持此一点，但能于学问上有如此建树的，则极为少见，而专于易理者，唯此一人而已。

这里不妨提一提另一位古人的名字写《聊斋志异》的蒲松龄。就年岁而言，蒲只晚生于胡峄阳一年，早殁于其三年，二人几乎同龄，互相始终；就地望而言，二人同居于孔孟之乡，桑梓之地，可谓比邻而居；就生计而言，二人都以塾师为其终身职业，清贫一生；就命途而言，二人虽然说不上多舛，但也通达无路，终生不遇。

当胡峄阳决绝于仕途，授学西席之时，山东淄博蒲家庄的蒲老先生也与胡峄阳一样，正在本县西铺村毕际友家做塾师。一为柳溪，一号柳泉；一为异人，一称异史氏，文章憎命达，是巧合？还是必然？历史有时候真是很耐人寻味的。

然二人之人生大略实有可参酌者。

蒲松龄有连续县、府、道三个第一而后屡试不第的深切遭遇，其"学得文武艺、货与帝王家"的执着，可谓"虽九死其犹未悔""吾将上下而求索"。后来直到七十多岁才挨了个贡生，得到了一个儒学训导的官衔，相当于现今的中学副校长，还是候补的，而胡峄阳则完全不同。对于变态的科举制度，他是一触即返，毫无迟疑，质本洁来还洁去，把人格看得高于一切。他不戚戚于贫贱，不汲汲于富贵，胸怀坦荡，淡泊名利，安贫乐道，持守如一，且终其一生未涉官场。

有此一节，故蒲老先生仍在文学上下功夫，而有中国文言短篇小说之巅峰之作，并最终以此享誉后世；而峄阳先师上参天理，下明人事，在易理上寄其情、通其性，并终成其功。二人地头不同，见解功夫亦不可同日而语。

我没有从史料中找到峄阳先师关于蒲老先生的只字片语，也未曾听说过蒲老先生有与峄阳先师过往的蛛丝马迹。或许是互有耳闻，亦未可知。或许峄阳先师执于洁好，而不免与蒲老先生相左，遂致道不同，各有所谋，也是有可能的。不然，天涯亦如比邻，更何况近在桑梓呢。在今人看来，实在是感慨系之，唯有长叹而已了。

云屿深处

幼时就听母亲讲过，流亭有个胡峄阳，能用竹筛子往家里端水，是个神仙。略大一些后，关于他的事情听说得就更多了，其中最先知道的就是他做私塾先生时警示东家"躲躲"的传说了（事见东流亭社区编辑印行的《胡峄阳传说》故事集）。再后来，就知道关于这个传说其实有很多版本，比如有的说是"快搬"，而非"躲躲"。但我还是喜欢以前母亲所讲的那个版本。母亲说"躲躲"时的那种神态，使我几乎能想象出胡峄阳骑着小毛驴，一边若无其事地走路、一边指点迷津时的那种淡定与沉着，实在是神往之至啊。

胡峄阳器识既超卓，又上承传统文化精髓，下恤黎民百姓之生，虽精研易理而能经世致用，即隐居乡里而声名播于四方，其据易学推演天道人事，探索自然规律，在胶东地区有着广泛而持久的影响。关于他的轶闻异事和众多传说至今为百姓津津乐道。最著名的就是至今留传的"千难万难、不离崂山"的偈语了。此语在崂山可谓家喻户晓、妇孺皆知，备受百姓推崇，是胡峄阳研究地质构造、考察崂山地域特点而得出的科学推断，三百多年来，隆运不衰。

峄阳先师是怎样由一个理学大师一步步成为百姓心中的神仙的，我于史无考，只能略谈点自己的浅见。我以为这首先是与百姓的崇敬分不开的。百姓是朴实的，他们并不看重地位、官职，也不看重金钱和财物，他们看重的是人品和道德，看重的是学问和高风亮节。而峄阳先师人品学问得而兼之，这在百姓心目中是最有价值的东西,否则崇之为鬼尚且不及,何暇崇之为仙?其次这里面也有百姓不懂学术、盲目崇拜的心理因素,兼之以其言行有高深,取义有玄思,非常人所能理解,那种神秘感主观上起了催化作用。再次是以讹传讹的谬误,遂使神仙一说一传十十传百,渐成气候。再加上后世无有能承其衣钵者,胡氏族人亦唯有崇敬而已,其为神为仙,不亦宜乎?

胡峄阳晚年更名翔瀛,号云屿处士。其时,他于世间万事万物俱已放下,志独在参造化之功、明乾坤之道,以究天人之别。这期间他曾先后游历大、小管岛等诸岛屿,行踪飘忽不定,事迹玄渺无着。故后人传言他殁于即墨东南海上之千里岩,而现存洼里村北之东大茔不过其衣冠冢而已。据传,其墓于一九六五年被毁之时,室中空无一物。这更印证了胡峄阳为神仙一说。相传胡峄阳在去世四十多年后仍时常在岛上为渔人指点迷津,止抑风浪,为渔人所尊奉,庙堂享祭,于今不绝……

"生来失却旧家乡,回首云山空断肠。"三百年岁月消磨,人世沧桑,捧读诗书,情何以堪。正是"对君认得故人面,犹是当年月一轮"。今我生于斯,长于斯,闻峄阳先师之名至少也有三十余年。而迟至今日方得摆脱儿时之浅见印象,得以一窥大家面目,实是人生之大幸,天道之不辜。后学晚辈,略为钩沉,恭为叙略,以抒仰止之心、以表崇敬之意、以发缅怀之情、以颂千秋之业,虽千言万语,又何能达其万一。歌曰:

斯人何来?宇宙洪荒。斯人何去?天地茫茫。
溪柳依依,且彷且徨。庐竹瑟瑟,如抑如扬。
如水之清,如山之苍。凤鸣孤桐,琴发清商。
仁义昭昭,易理彰彰。烛幽犀照,慧炬之光。
齐鲁之帮,孔孟之乡。钟灵毓秀,熠熠煌煌。
高行异致,名传八方。圣学永继,天道恒昌。
东瀛一去,人间天上。亦儒亦仙,历久弥长。
大哉吾师,胡氏峄阳。千秋万代,亘古流芳。

尾 声

2010年10月,历时三年、历经十几次论证的胡峄阳文化园终于在东流亭奠基。该园以胡峄阳其人其事其著及其传说为载体,以峄阳文化中丰厚的历史意蕴为依托,以全面、系统地光大胡峄阳这位乡贤的精神和文化遗存为导向,以"丰盈一位历史人物、建设一个文化地标、打造一条特色街道、带动一方区域经济"为创意选点,总体架构策略宏大、深远,非独为一时一地一人一事而设。其中,峄阳公祠、云屿仙阁、竹庐书院、柳溪园林等与峄阳文化有关联的建筑,分别承担了瞻仰祭祀、教育传承、文史研究、先贤文苑等文化设施的地标功能,多方面地拓展了文化展示和活动的范围,是弘扬历史文化这一千秋伟业中不可多得的一个盛大壮举。工程虽浩大,而支持者众,欢喜者多。诚可谓前人栽树,后人乘凉,功在当今,利在后世。

前胡鹏昌所刊行胡峄阳作品数种,因未能涵盖其全部遗著在内,且传至今日,亦大多流失散佚,所以从2007年始,东流亭社区为了进一步保护和发扬光大峄阳文化,摆脱其口口相传的混杂状态,挽濒临失传之危局,组织大量的人力物力,开始了较大规模的抢救性发掘整理工作。先后搜集整理有清初和民国期间的手抄本、木板印刷本、铅印本等相关资料。对散落在各地图书馆、博物馆及民间的胡峄阳遗书遗物进行录像、照相和妥善的保存工作。并聘请有识之士对峄阳先师的作品进行点校、注疏、正义,开展学术思想研究。初步刊印了《易象授蒙》《柳溪碎语》《峄阳先生诗选》《胡峄阳文集》《胡峄阳传说》等作品,并拍摄了《先哲胡峄阳》和《胡峄阳·千难万难,不离崂山》等专题电视片。2008年,胡峄阳传说成功被列入青岛市市级非物质文化遗产名录,目前,省级申报项目正在紧张地进行中。从2009年开始,社区又对胡峄阳遗著进行了第二轮全面的研究和整理工作,目前大部分文字的清样已告完成,期望在不久的将来,峄阳先师的全部著述的译注本将完整地呈现在人们面前,慧炬之光,犀照千秋。

就在我们参观峄阳先师祠堂的当天,在距祠堂不上百米的东侧,新峄阳公祠的建设正在紧锣密鼓地进行着。大殿主体已经基本完工,远远看去,显得高大巍然、态势轩昂,正是峄阳先师崇高人格的物化,独立精神的象征。当然,这只是近两万平方米文化园建设的一小部分,全部完成之后,将更加气势宏伟,丰盈蕴藉,东流亭社区新的文化时代也将由此拉开序幕。

感谢东流亭和洼里社区以胡孝华、胡保恩为首的胡氏后人为发扬光大其峄阳先公所做的一切努力。谨祝胡峄阳文化园早日建成,愿峄阳先师之灵永居兹土。

胡峄阳年谱

刘世洁

清乾隆版《即墨县志·隐逸》传

胡翔瀛（1639—1718），字峄阳。生有异秉，研精《周易》，与濂洛之学别有微契。家贫甚，一介不苟取，蓬室瓮牖，悠然自适。雅工制艺，视进取之途，泊如也。年七十余预示死期，无疾而逝。所著有《柳溪碎语》《易大象说》等书，存于家。

弁 言

公，胡姓，名良桐，更名翔瀛，字峄阳，号云屿处士，又号不其二劳山人、古洞月鉴道人，斋号竹庐。今青岛市城阳区流亭街道东流亭社区人，明、清两代属莱州府即墨县仁化乡古镇社流亭村。其始祖仪，于明洪武初自云南乌撒卫徙居青州矮槐树，复迁即墨，明永乐二年（1404）定居流亭。其曾祖文翠，以庠生出任河南汝宁府西平县典史。祖奉业，乡彦。父际泰，字瑞芝，处士；母赵氏。公为胡氏第十世，堂兄弟排行三，后世因称之"老三爷"。公茕茕孑立，无兄姊。子映藜，字光乙，廪生，配王氏。嗣孙垫先，系公堂侄炜次子，配栾氏。曾孙三：长中球，配王氏；次中琭，配卢氏；三中琄，配任氏，赴关东无音信。玄孙四：长殇，次、三、四皆乏。

明崇祯十二年（1639）己卯　一岁

公出生。生日拂晓，母赵氏闻庭前梧桐有凤鸣声，渐失东南。

崇祯十三年（1640）庚辰　二岁

年来鲜闻啼哭声，偶发则响声如雷，人皆异之。

崇祯十四年（1641）辛巳　三岁

崇祯十五年（1642）壬午　四岁

母赵氏教公吟唱闾里歌谣。

崇祯十六年（1643）癸未　五岁

母赵氏教公吟《三字经》。

崇祯十七年、清顺治元年（1644）甲申　六岁

聪颖，同龄儿不能比。

夏五月，公之父定于夏至日收小麦。前二日，公举动异常，再三求母亲割小麦做白面馒头吃，整日不食它物，父母哄引不过，无奈于夏至前一日收割小麦。夏至日午后，狂风大作，连降暴雨永夜，未及收割的小麦尽付泽国。事后，人皆惊异，言公能先知。

是年，清定鼎，明祚倾覆。

顺治二年（1645）乙酉　七岁

六月，清廷下达剃发令传到即墨："各处文武军民，尽令剃发，倘有不从，以军法从事。"是时，汉人须从满俗。乡民皆剃发、易服，从满俗。

顺治三年（1646）丙戌　八岁

随父游慧炬院，吟唐诗三十余首。慧炬院主持月心和尚爱其才，相携于华阴集看戏。近午，饮憩于灰牛石，月心主持出对考公，上联曰："嗷的一声，又嗷的一声，声声好听。"公不待思索，对曰："出来一个，又出来一个，个个好看。"众皆称善。

顺治四年（1647）丁亥　九岁

入家塾。习《小学》，过目不忘，对其中《嘉言》篇、《善行》篇背诵如流。

顺治五年（1648）戊子　十岁

入洼里本族家塾。初，公在流亭家塾就读，因塾馆离流亭市集近，市肆喧嚣，不利静读，公之父效孟母三迁故事，遂将公寄于本族洼里家塾，并在塾馆西南柳溪北岸筑茅屋三间，以供日食夜宿。

顺治六年（1649）己丑　十一岁

春，随父游慧炬院，登华阳书院紫霞阁，浏览古籍。

顺治七年（1650）庚寅　十二岁

顺治八年（1651）辛卯　十三岁

随塾师游太古堂、镜岩楼、华楼山。公欲攀梳洗楼，师止之，乃罢。

顺治九年（1652）壬辰　十四岁

顺治十年（1653）癸巳　十五岁

随父赴县学观摩学习。

顺治十一年（1654）甲午　十六岁

二月，应县学初试中式。共考五场，每场一天。第一、二场考诗赋，三场为再复，四、五场考《四书》《五经》讲解，默写《圣谕光训》。公各科具优等。时，复圣裔颜伯璪任即墨县训导，对公之科举制艺文章赏识有嘉，报于县令沈文则，沈县令召公面试，惊其才，誉之为"二崂良桐"。

夏秋，寄居慧炬院静读，为翌年童试备考。时，昌阳（今莱阳）廪生孙笃先隐遁慧炬院，孙才富学博，与公情同噬肤，惠公良多。孙笃先，字淮浦，莱阳人，贡生。善书画，尤精于琴，自少至老，弦歌不辍。慕二崂山水，日徜徉于华楼、九水间。

顺治十二年（1655）乙未　十七岁

四月，赴莱州府应童子试（复试）。甫入场，监场人令公解衣搜身。公品行端洁，生来厌恶苟且之事，斥曰："视士子如盗贼，何以为国求取贤才？"拂袖出，愤然归，发誓终生不试。父恼患，斥之，公遁于慧炬院栖读。

顺治十三年（1656）丙申　十八岁

其父洞悉公之心志，知公向慕圣贤之学，志不可移，遂召公还家，晓以生计，为公筹划塾馆，期公致力塾业。

顺治十四年（1657）丁酉　十九岁

娶即墨江氏。

冬，与孙笃先等赴不其山（铁旗山）东玉蕊楼别墅，谒大儒顾炎武。玉蕊楼别墅为前明进士即墨人黄宗昌所建，黄与即墨、莱阳等地前明遗臣在此吟风弄月评点世事。顾炎武来即墨、栖霞等地联络望族广收力士反清复明，期以死灰复燃，玉蕊楼为其在即墨期间之主要活动地点。公仰慕顾炎武之学术，但对时局国运并不苟同，认为清廷立鼎十余年，国事渐趋平宁，复用兵戈，民何以堪？顾炎武（1613—1682），字宁人，号亭林，江苏昆山人，为明、清之际思想家、学者，奔走南北，呼唤反清复明，与即墨望族黄氏交往频繁，为黄宗昌《崂山志》作序，并有《崂山歌》等诗篇。所著有《日知录》《天下郡国利病书》《亭林诗文集》等书。

十二月，公之父患蛊症。

顺治十五年（1658）戊戌　二十岁

设塾馆于家，日讲夜读。

父病益重，公与妻江氏侍奉甘旨，无稍懈怠。

顺治十六年（1659）己亥　二十一岁

春，父亡，享年五十一岁，葬即墨城南无影山南原。公庐墓无影山。其从侄毓中、毓华等本为公之学生，随公庐墓，以续学业。

顺治十七年（1660）庚子　二十二岁

庐墓无影山。修学授业。

顺治十八年（1661）辛丑　二十三岁

春，公之从侄毓中、毓华考入县学。

秋，还家奉母。

康熙元年（1662）壬寅　二十四岁

孝满。

夏至后，豆子播种时节，公发明播种农具"点葫芦"教民使用，省工省力，民称善。

康熙二年（1663）癸卯　二十五岁

受聘为棉花村王氏塾馆塾师。

康熙三年（1664）甲辰　二十六岁

母赵氏亡故。

康熙四年（1665）乙巳　二十七岁

春，公与孙笃先同游百福庵，与蒋清山道长研道玄之学。蒋富藏典籍，公睹之喜不自胜，流连忘返。蒋清山，字云石，又名迪南，号烟霞散人，崂山百福庵道长，善书画，精乐理，好藏书，时有蒋迪南书院之称。百福庵原称百佛庵，为释刹，蒋改建为道观。其籍贯，一说江南人，自幼出家；一说江南进士，曾任祥符（今开封）知县，查明清进士资料，无其名。

秋，与孙笃先云游九水、巨峰及沿海岛屿。孙作诗云：

两度相携入石林，溪边石上握谈深。

烟霞共寄凌云意，风雨常怀连夜吟。

是年，公之挚友孙笃先游泰、华二山。

康熙五年（1666）丙午　二十八岁

研《易》，习阴阳之术，犹潜心于宋儒邵雍学说。

康熙六年（1667）丁未　二十九岁

受聘到东海柳溪庄王氏塾馆讲习经义，以应科考。

康熙七年（1668）戊申　三十岁

与儒生王氏肇祚、肇棋识，交谊颇厚。王肇祚、王肇棋，天性孝友，以塾业为生，尚公益，倡族人建祠堂，修谱牒，置祭田，阖族雍然太和。肇祚著有《剪灯录》传世。

康熙八年（1669）己酉　三十一岁

康熙九年（1670）庚戌　三十二岁

与即墨乡彦解瑶识，受聘于解氏塾馆任教。研习濂洛关闽之学。解瑶，字琢章，号柳溪，诸生。博览群书，精修程朱之学，工古文辞，交游四方，所至为倒屣。康熙三十八年（1699），孔尚任《桃花扇》才脱稿，亲为按节终卷。

辑《海岳投缟》一卷，皆一时知名士所赠诗，计百余人。81岁卒，著有《松斋文集》。

康熙十年（1671）辛亥　三十三岁

日授课夜静读。研理学，探精微，颇有心得，始作读书笔记《寒夜集》。

康熙十一年（1672）壬子　三十四岁

是年大蝗蔽天，公参研徐光启《农政全书》，细察当地地理气象，制订灭蝗要则，推广于乡民，蝗灾得以遏制。

讲授《易经》，有心得，始修撰讲稿，后纂为《易象授蒙》。

康熙十二年（1673）癸丑　三十五岁

康熙十三年（1674）甲寅　三十六岁

受聘于即墨黄氏"十亩地花园"塾馆。

康熙十四年（1675）乙卯　三十七岁

游东海，登三标、巨峰，考研气象地理。

与北曲诸生纪润识。纪润，字墨林，尚诗画，善堪舆，著有《东园草》诸作。

康熙十五年（1676）丙辰　三十八岁

作《曾点春游》诗三首。

康熙十六年（1677）丁巳　三十九岁

习静修、内炼。于秋季登石门山西北之巨齿牙山，攀援观星台，与观星台道人参研内丹养练。后频登观星台。

康熙十七年（1678）戊午　四十岁

游黄氏上庄别墅华萼馆。时，青州人赵世五任教于华萼馆塾馆，赵其昌学富有心得，公趋馆请教。黄鸿中兄弟及周祚显等人就读于华萼馆，公引为同窗知己，同学同游，切磋术业。赵其昌，字世五，青州颜神镇人，康熙十八年进士。受黄贞麟之邀，设帐于黄家，其生徒黄鸿中、周祚显皆中进士。赵授学于即墨期间，当地文风为之一振，后任县令去。黄鸿中，字仲宣，号海群，康熙五十七年（1718）进士。平生孝友纯笃，待人接物，力追古人。

选庶常，钦点翰林院庶吉士，累授中宪大夫，例授通议大夫，历任翰林院编修、侍讲，侍讲侍读学士，日讲官，起居注，侍读学士，山西正主考，会试同考官，提督湖南学政，都察院左副都御史。著有《两朝恩荣录》《容堂文稿》等。周祚显，字有声，号星岩，鳌山卫籍。康熙三十六年（1697）进士。任富川令，擢户部主事，转刑部郎中，授监察御史，后出为兴泉道，致仕归。

康熙十八年（1679）己未　四十一岁

作《山中》《怀山》诗。

康熙十九年（1680）庚申　四十二岁

妻江氏亡故。

康熙二十年（1681）辛酉　四十三岁

与即墨名儒、贡生范士骥相识，研性命之学。范士骥，字称若，号北野，著有《启蒙》数十卷。

与即墨理学名儒、诸生韩邻佐登城墙观日暮，研太极生生不息之道。韩邻佐，号良辅，诸生。潜心理学，主静穷理。有异术。

县令高尚达请公察看地势，修即墨城南城墙堤坝。坝成，公设计镇水铁兽一尊，置于坝堤龛内。

康熙二十一年（1682）壬戌　四十四岁

康熙二十二年（1683）癸亥　四十五岁

在解氏家园与孙笃先重逢。自康熙四年（1665）与孙阔别，已十八年。是年，与即墨儒生蓝重毂结识。蓝重毂（1651—1724），字念贻，号息斋。增生，以子中玳敕赠修职佐郎，堂邑县训导。著有《即墨志稿》六卷，《濠上杂著》一卷，《余泽续录》二卷。

康熙二十三年（1684）甲子　四十六岁

与孙笃先、范称若、韩良辅、蓝重毂诸友人聚于百福庵，与蒋清山道长吟诗鸣琴。孙笃先居无定所，公为其在县城北廓筹谋居所。

康熙二十四年（1685）乙丑　四十七岁

与诸生牛克桢结识，引为知交。牛克桢，字周生，诸生。行止端严，谨身修行，赞善行义，时刊布善言以劝世。

康熙二十五年（1686）丙寅　四十八岁

由范士骥作引，与贡生周璘、周迪馨识。周璘，字雁侯。康熙五十一年（1712）岁贡。性孝友，好学不倦，远近宗之。著有《四书义解》《礼祀义解》。周迪馨，字同芳，雍正二年（1724）副榜，性沈毅，好读书，指朱熹《近思录》、薛文清《读书录》曰："儒者根柢，尽在此矣！"

康熙二十六年（1687）丁卯　四十九岁

康熙二十七年（1688）戊辰　五十岁

收胶州王家庄人王经千为徒。王初就读于崂山华严庵，慕公学富制艺超卓之名，遂从公学。

康熙二十八年（1689）己巳　五十一岁

娶继妻战氏。作《当春》诗。

康熙二十九年（1690）庚午　五十二岁

于黄氏书院玉蕊楼与胶西人赵泰临相识，探究学术，参研制艺文章。赵泰临，字敬亭，胶州文坛领袖。康熙四十一年（1702）中解元，四十二年中进士，改庶吉士。丁艰，起复为翰林院检讨，充甲午科云南乡试正考官，引疾归乡。后任海山书院、龙章书院山长。著有《太史稿》《制艺》行世。63岁病逝。

于慧炬院教王经千研习课业。

康熙三十年（1691）辛未　五十三岁

作《竹庐口号》。复登观星台，月余始返。

康熙三十一年（1692）壬申　五十四岁

子映藜出生。

康熙三十二年（1693）癸酉　五十五岁

春，前台村刘氏欲拓院建宅，请公卜地。公详察之，曰："兵马之地，世业不为。"遂停建。按：后海盗自女姑口登岸，此处受骚扰颇多。之后咸丰十一年（1861）八月，捻军扎寨于台上、官泊、赵村、白沙村一带，兵马蹂躏月余。民国二十七年（1938），日本侵略军征占台上、官泊、赵村、白沙等村土地1100余亩，修建军用飞机场，即今流亭机场，前台等村悉数付于兵马。

康熙三十三年（1694）甲戌　五十六岁

夏，偕蒋清山、韩良辅登崂山头、茶涧，游鼓子洋，研讨即墨崂山地理、气象环境。参诸史料，认为崂山地区偏于一隅，少有战事；地质结构稳定，少地震；沿海气候湿润，少干旱；地势中高周边低且近海泄洪顺畅等诸多因素，得出"大歉不歉，大乱不乱，就怕恶狗（倭寇）上岸"的见解，后来引申为"千难万难，不离崂山"之喻世名言。

康熙三十四年（1695）乙亥　五十七岁

门生胶西人王经千随公潜研于华阴太古堂。

时年，完成《易经征实》稿。

康熙三十五年（1696）丙子　五十八岁

作《山中》二诗。

冬，作《雪中即事》二首。

康熙三十六年（1697）丁丑　五十九岁

整理读书随笔，合为《寒夜集》。作长短句赠妻云："我能耕，田何有？我能读，书在手，有书可读堪白首。笑语山妻解此否？君无负，柳溪柳。"

康熙三十七年（1698）戊寅　六十岁

冬，平心居士持《戒赌歌》见视，公读之心动，萌发撰写训蒙读物之念。

是年，挚友孙笃先辞世，终年六十八岁。

康熙三十八年（1699）己卯　六十一岁

在庭前植竹，命名居室为"竹庐"。公之子映黎年方七岁，邻家童子将赌具与映黎玩耍，公骇然斥之，顿有木蠹蚁穴、习性端倪之惧，作《戒赌歌》，编入《竹庐家聒》。

挚友魏子宏故，年三十二岁。按：公《友义》篇中《怀二友辞》《魏子宏行状》中有"小余八岁""年三十二亡"，以此二条论，子宏死于戊寅（1698），则小十八岁。"小余八岁"为"小余十八岁"之误。

公之挚友，即墨著名理学家韩良辅辞世，年四十八岁。

康熙三十九年（1700）庚辰　六十二岁

公之高徒王经千中康熙庚辰（1700）进士。授临淮知县，调宛平知县，擢浙江布政使、安徽巡抚，调任刑部侍郎，以工部侍郎致仕。著有《一亩园古文》《葆忠堂遗稿》《奏疏》等行世。《国史列传》《山东通志》有传。

秋，收集整理挚友孙笃先遗作，计诗七首，文三篇，合编为《孙淮浦先生语类》。

康熙四十年（1701）辛巳　六十三岁

即墨著名士人和诗文大家冯文炌读公所著《竹庐家聒》，并为之作序。冯年少失怙，一度染赌习，读《竹庐家聒》之《戒财歌》，深为震撼，以自身年晚而公不弃为感。认为公之《竹庐家聒》是为训子弟，也是训自己，更为训天下人子弟。冯文炌，字伯章，号素斋。其性旷达，其才超卓，嵌崎磊落。两中副东，晚年选乐安教谕，未任卒。著有《柏荫堂集》。

康熙四十一年（1702）壬午　六十四岁

春，与百福庵蒋清山道长登千里岛，逾半月还。复登三标、巨峰，赴八仙墩，观测海潮，研探气象。

冬，病，作《病中即事》三首，《闲吟》三首，《静夜吟》七首，不能书。蓝重毅造访，代录诗十三首，名《柳溪倩书》。

是年，挚友胶西人赵泰临考中举人第一名。

康熙四十二年（1703）癸未　六十五岁

春，病。

县城坊子街孙氏为子弟前程计，邀公执教其家塾，公以年高体衰婉拒。邀之再三，无奈，复出执教。

七月，先生欲归家探望。临别隐语嘱塾东：天将暴雨，恐遇不测，望早作准备。塾东依公嘱搬家。次日，大水至，陆坝毁，孙氏宅院俱毁，墨水河径直西去，不复绕城北流。

是年，好友胶州人赵泰临中进士，改庶吉士。

康熙四十三年（1704）甲申　六十六岁

五月，作《贞烈记事序》。

秋，作《题〈贞烈传〉后》。

子映藜考入县学，为庠生。

康熙四十四年（1705）乙酉　六十七岁

整理《周易》讲稿成书，名《易象授蒙》。胶州进士赵泰临、即墨贡生范称若为之作序，同学、即墨进士黄鸿中为之作《跋》。

为即墨王氏作《王氏族会序》。

作《友义》《友义自叙》。

康熙四十五年（1706）丙戌　六十八岁

高徒王经千自常山归探，与之研《论语》，以有容于万物，不纵容于一私互勉。随公同登观星台，助公在台上增建屋宇。嗣后，公与众友人时常登观星台静修，仰观俯察，研究天文气象变化，指导乡民农事。

语录随笔集《柳溪碎语》成书。

康熙四十六年（1707）丁亥　六十九岁

整理旧作，有诗八首，序文十二篇，为一册，冠名《偶笔》。

康熙四十七年（1708）戊子　七十岁

整理旧日诗作三十四首合一卷，名《偶尔吟》。

康熙四十八年（1709）己丑　七十一岁

作《松轩九图》《图铭合看》。

康熙四十九年（1710）庚寅　七十二岁

春，百福庵蒋清山道长到访，与公促膝谈。公之嗣孙埜先年五岁，嬉戏于前。公对蒋曰："埜先有仙骨，无仙风，非道器也，日后必为狐祟，吾不及见之矣！日后请道长救之。"又嘱子映藜谨记之。按：康熙五十七年戊戌，公殁。雍正八年（1730），埜先十七岁遇狐祟，病羸几死，幸映藜遵公嘱，请蒋道长驱狐施救，埜先方得脱。

康熙五十年（1711）辛卯　七十三岁

作《偶成》诗：

风雨一残编，游心三十年。

所思已在望，尚隔几重山。

康熙五十一年（1712）壬辰　七十四岁

廪生解化显登门拜访。解化显，字维思，城北上疃人，为一方名士，后于雍正初年考取贡生，出任济南府德平县训导，勤勉课士，于乾隆九年卒于任所，年七十四岁。

康熙五十二年（1713）癸巳　七十五岁

内炼不辍。

康熙五十三年（1714）甲午　七十六岁

子映藜成婚，配王氏。

康熙五十四年（1715）乙未　七十七岁

康熙五十五年（1716）丙申　七十八岁

静养。巨齿牙观星台道人探访问安。

康熙五十六年（1717）丁酉　七十九岁

子映藜补为廪生。

康熙五十七年（1718）戊戌　八十岁

正月初八日，晨，公拄杖行于庭院。餐毕，归拢笔床纸墨，饮茶。午饭后小憩。未时，卧读《庄子·秋水》，复睡。申时，起坐，整理衣袍，盘足入静，端坐而逝。

是年，同学黄鸿中中进士。

胡峄阳传说与非遗保护

刘世洁

【提要】 在城阳,有一位生长生活于明末清初的历史人物胡峄阳。他教书育人成果斐然,著书立说见解弘远,持身修省品行端洁,心系家国崇礼尚道,居于乡间而沐化人心,被尊为神能惩恶扬善。

东流亭社区挖掘整理胡峄阳历史文化资料和传说,还原历史人物生平履迹,申报非遗名录,保护、传承、弘扬优秀文化遗产,将非遗深植于社区居民之中,用之于社区文化和经济建设,实施"非遗在社区"的文化构建,坚定文化自信,进而融汇于"四个自信"的筑就,为区域的文化经济社会发展添枝增叶。

生活于清代前期的城阳流亭人胡峄阳,是一位德行端洁、教书育人,精研《周易》、邃于理学的布衣学者。由于他对《周易》的灵活运用,擅长预测,被民间誉称为"知前知后"的传奇人物。胡峄阳未涉仕途事功,却以为民排忧解难铭记于仕宦平民心中;未成庙堂之器,却以持守高风亮节成就了一世清名;述不刊当世,而以口耳相传塑造成了高士风范;作为一位乡间的教书先生,三百余年即成为了一方神祇。胡峄阳的精神思想,是中华民族优秀传统文化大川中的一缕细流,一滴晶莹水珠,一粒耀眼锦砂。

了解胡峄阳,鉴古人以修身,服务于当世。走进胡峄阳传说,梳藤蔓而溯其根,以知悉三百多年前风行于乡间的一段不凡传奇。

拨燃"非遗"宿火，传承保护文化遗产，使生发于乡土、根植于居民之中的非遗资源光前裕后，为今所用，东流亭社区作了一些有益的探索和尝试。

胡峄阳生平

胡峄阳，名良桐，后更名翔瀛，峄阳其字；号云屿处士、不其二崂山人、古洞月鉴道人；斋号竹庐。生于明崇祯十二年（1639），殁于清康熙五十七年（1718）。城阳区流亭街道东流亭社区人，明清时期属即墨县仁化乡流亭村。

一、书香门第 笃信好学

胡峄阳出身于书香门第，其曾祖父胡文翠，明万历年间（1567—1619）以庠生任河南汝宁府西平县典史；父亲胡际泰，承继家学，勤于农桑，家贫无力于功名，为清代处士。胡峄阳出生后，胡际泰对其寄予厚望，以桐木为凤凰栖居之吉木、峄山之阳盛产桐木，古有"峄阳孤桐"之意蕴，遂为儿子取名良桐，择字峄阳，期望儿子步先圣后尘，志存高远，成就功业。

胡峄阳生于明末，长于清初。其时，清廷入主中原，对汉人高压施政，汉人则对满族统治者羞于归顺，心生愤恨，尤其是清廷推行的剃发、易服政策，汉人必须效仿满人剃去前额毛发，穿戴满人服饰，违者必斩。一系列强制措施，极大地伤害了汉族人民的感情，胡峄阳自小就受到了这种反抗情绪的浸染。清顺治十二年（1655），胡峄阳16岁，在通过了县学的童试之后，赴莱州府复试。当时科举考场，生员入场三日，每日作文一篇，考生须对四书五经强记硬背。为防止考生作弊，生员入场时，须由监场人一一搜身查验。胡峄阳生性倔强，最厌恶苟且之事，不忍受辱，拂袖而出，愤然道："视士子如盗贼，怎能为国求得贤才？"发誓终生不复赴考，其罡风傲骨为时人所称道，名扬一时。

胡峄阳从莱州府科场返家后，来到崂山古刹慧炬院就读。早在明万历二十三年（1595），名僧德清"坐私创寺院罪"，规模宏丽的海印寺（位于崂山太清宫处）被捣毁，寺中大量经卷法器和藏书悉数移于慧炬院存放。避弃功名、一心向学的胡峄阳，有幸得以置身慧炬院书海之中，喜不自胜。胡峄阳在这里结识了昌阳（今莱阳）名士、廪生孙笃先。孙笃先工诗书，善抚琴，为前明臣僚后裔，仇视清朝统治，不愿做官，四次拒绝官府的聘请，而"对普通百姓，虽卖菜佣牧猪童，或书或画或词翰，经岁烦扰，未尝厌而思拒"（胡峄阳语）。孙笃先隐居崂山，与胡峄阳志趣相合，徜徉于华楼九水间，诗书往来，成莫逆之交。后来胡峄阳作《琴隐先生传》，称赏孙笃先的节操和琴艺。慧炬院与白沙河南的华阳书院、镜岩楼隔水相望，这两座书院是即墨望族蓝氏、黄氏子弟读书进学之处。胡峄阳与他们同学同游，切磋经典，评议世务，视野顿开，学业大进，为日后的治学、著述打下了坚实基础。

二、传道授业　学以致用

在胡峄阳不到20岁的时候，父母相继亡故，家境愈加困乏，遂操起了塾师的职业，先后在流亭、洼里、即墨城南关、黄氏十亩地书塾设帐授徒，并开始了对宋、明理学和《易经》的研习。胡峄阳教授学生，重视德行修养，提倡格物致知。认为分析问题作学问，须遵循事物的发展规律，"至公至明，无所偏倚"，最终达到"心明如鉴，理圆如珠，志洁如玉，意清如冰，海阔天空，虚朗明照"的思想境界，对事物做出正确的判断和认知。胡峄阳尤其注重对子弟的培养教育，著《竹庐家聒》一卷，《女闲》一卷，上承朱子精义，以浅显的文字，将持身、处世、孝道、睦族、养生等内容辑为歌谣，通俗易懂，传唱至今。

胡峄阳隐居于乡野，足不出里闬，名不登国史，述不刊当世。但他的超卓器识，既承古代圣贤精髓，又深植于黎民百姓，不为腐迂，经世致用，于一乡一邑，声名鹊起，不啻雷鸣。可谓"芝兰生于深林，不以无人而不芳。"在对《易经》的研究中，独辟蹊径，近于痴迷。所著《易经征实》，发前人之未发，并以《易经》理论推测天道人事，慕名请教者众，在即墨乃至胶东有着广泛的影响，后人称其"生有异禀，于濂洛关闽之学别有微契。"胡峄阳以《易经》理论为指导，探索自然规律，对天文变化、海洋气象、风雨旱涝等方面的预测多有灵验。胡峄阳遍游崂山，对崂山地区历史和地域特点的研究有独到之处。认为崂山地区偏于一隅，少有战事；地质结构稳定，少地震；

沿海气候湿润，少干旱；地势中高周边低且近海泄洪顺畅等诸多因素，得出"大歉不歉，大乱不乱，就怕恶狗（倭寇）上岸"，后来引申为"千难万难，不离崂山"的喻世名言。这一推断，吻合了三百年来青岛地区的自然社会发展变化规律，为世人所推崇。

胡峄阳胸怀坦荡，才艺超卓，松筠竹节，不入流俗。居蓬茅之室，赋浩然诗章。其《山中》诗云："远诸归来十里沙，鹤闲松老一峰遮。浮云日日向谁去，春色年年到我家。兰友久来那待速，梨花新熟不容赊。共言造物非轻予，雪藕冰桃度岁华。""生来倦谢人间事，还似一家万户侯。"其咏杖诗"山之巅兮水之滨，赖君持兮几度春。瑞焰灿兮忌鬼神，化为龙兮拨白云"，呈现山岩出水、踏波蹈海的卓荦气象。《读苏武传》诗，则昭示了胡峄阳冰清玉洁的慷慨情怀。胡峄阳64岁时，体衰多病，仍孜孜于学问，披览诸子百家，悉心体认古人文章的精髓，有诗云："读书当见古人心，真诀不在纸上寻。毫厘千里须有别，千载今日是知音。"

清康熙十九年（1680），即墨县令高上达主持修筑城外淮涉河（今墨水河）坝堤，在城西南隅河水直冲城墙堤段，由胡峄阳考察水文，设计一洞龛，龛内坐镇水铁兽一尊。此兽是龙王九子之一，威武如狮，专司镇水降妖。后又在沿河大坝遍砌条石，加固坝堤，水患永除，两岸百姓再无水淹之忧。后来流传出胡峄阳预测洪水、为民消灾的故事，盖源于此。为了纪念胡峄阳治理洪水的功德，人们雕凿胡峄阳半身石雕像，立于淮涉河南岸胡家村头。石雕像高约六尺，坐于石台之上，惜于1915年前后损毁。

三、卓尔独行　通儒硕学

胡峄阳五十多岁后，不再专于塾馆授学，经常应邀就《易经》和程朱理学作专题授课。即墨黄氏书院玉蕊楼，位于铁骑山东南（今书院水库南端），这里汇聚了即墨、莱阳许多旧僚宿儒，有韩良辅、范士骥、张允伦、蓝念贻、蓝重穀、魏子宏、宋继澄、宋连等学人。胡峄阳在这里授学，研讨讲习，游历山水，"怀山携杖，片霞乍浸襟"。时人称他们为"崂山七十二君子"。与玉蕊楼一山之隔的百福庵，其道长是博学君子蒋清山，崇古尚贤，藏书极为丰富，每当闲暇，胡峄阳便来庵中小住，与其谈古论今，研讨道玄之学，交谊至深。百福庵正殿山墙曾悬挂有胡峄阳、蒋清山、孙笃先画像，收存有胡峄阳用过的手杖、镇纸等遗物，深藏不露，但游人只要说是流亭或洼里胡氏后人，道长便破例取出瞻赏。流亭、洼里现 70 岁以上的许多老年人，有幸瞻仰过胡峄阳的遗像、遗物。后来这些遗物毁于"文化大革命"时期。

胡峄阳一生清贫，德行高洁，喜梅与竹。居蓬茅之室，治圣贤之学，树礼义楷模，垂百世懿范。恪守"非礼勿视，非礼勿听，非礼勿言，非礼勿动"，以及"非其义也，非其道也，一介不取，一介不与"的处世之道，身体力行，谆谆诲人。曾自赋诗云："我能耕，田何有，我能读，书在手，有书可读堪白首。笑语山妻解此否？君无负，柳溪柳。"教育后人恪守孝道，以父母早亡不得尽孝，作《歌老莱子》以伤怀，风木自悲。要求后人"事奉时，要孝顺，心常敬，貌常温，太和象，如阳春；言常谨，行常慎，用常俭，力常勤，气常下，莫轻嗔。"

胡峄阳学识渊博，通达"六经"，尤精于《易》。对宋儒濂、洛、关、闽诸学说均有精研，于书无所不读，雅工制艺，勤于诗文。几十年间笔耕不辍，著述丰盈。主要著作有《易经征实》《易象授蒙》《解指蒙图说》《柳溪碎语》《寒夜集》《竹庐家聒》等十余部。《易象授蒙》为解《易》之作，以君子正视的角度阐发六十四卦之意蕴，胶州文坛领袖、进士赵泰临和即墨进士黄鸿中及即墨理学大家范士骥均为此书作序。《易经征实》是胡峄阳研究《易经》的倾心之作，该书取全易卦辞之为吉、为凶、为悔、为吝，就《易经》六十四卦之三百八十四爻征以历代史实，溯其成败，一一罗列，条理比照，微言大义，发前人未尽之旨，收入《续修四库全书》。《柳溪碎语》为随笔语录集，于《易经》之义理、阴阳、五行及为人、为学诸方面均有独到阐发。在读书笔记《寒夜集》一书中，对诸子百家尤其是儒释道三家评述颇多。其中的《论心》一段，对儒释道三家意涵精要和差异分析得饶有新意：认为圣人之心，如同日月普照天下，照应万物，顺应事物的造化运转。佛之心，明澈玲珑无所不照，而外圆中空，未如圣人之心内外坚实，不能与事物相因应。老子之心专注于保养精神，不能因应于现实事物，也不肯照映世人，只是处于混沌之中淤积不散。同代人韩良辅及乾隆年间即墨文坛领袖冯文炌读胡峄阳书后均称道不已。胡峄阳同学、康熙朝进士即墨人黄鸿中，同期进士胶州文坛领袖赵泰临，胡峄阳挚友、"即墨理学三老"之一范士骥，及后来之光绪二十四年进士北平人张璧田，均为胡峄阳著作作序。康熙朝进士、胡峄阳的学生胶州人王经千，返乡期间屡拜恩师，胡峄阳辞世后，王经千到慧炬院、黄石宫等地再访恩师旧踪，拜读手泽，悲思如泉涌，泪洒慧炬院。

四、林栖谷隐　未解之谜

胡峄阳于康熙五十七年（1718）去世后，葬于洼里村后北大茔。墓碑镌刻"清处士胡公峄阳之墓"。1966年坟墓遭毁掘时，墓中空无一物，引起了人们的许多猜测。由于胡峄阳对《易经》的研究和运用十分精妙，在他生前死后，逐渐被神化。传说他死于即墨东南海上千里岛（今千里岩），又有说他魂归观星台。清乾隆版《即墨县志》论及此事，只"年七十预示死期，无疾而逝"十余字。胡峄阳死于何处，葬于何地，尚不可断知。胡峄阳辞世百余年后，胡氏族人在流亭村建有胡公祠，供奉胡峄阳及二位夫人江氏、战氏和儿子胡映藜木主。祠中一联，颇能昭示胡峄阳一生的神韵风采："歉而不歉，乱而不乱，居之唯崂山最稳；儒也为儒，仙也为仙，精神与墨水同长。"

胡峄阳父亲名际泰，字瑞芝，清处士；子胡映藜，廪生；嗣孙胡垫先，庠生；嗣曾孙三，中球、中琉、中珺，或远徙，或乏。清《莱州府志》《即墨县志》《灵山卫志》《即墨县乡土志》《崂山艺文志》《谭略》，今《崂山县志》《青岛市志·崂山志》《城阳区志》等对胡峄阳的生平行状或传说均有记载。

胡峄阳传说与非遗保护

在国家非物质文化遗产项目的分类中，"胡峄阳传说"属于"民间文学"类。其形成，是由劳动人民直接创造，并在民间广泛流传的文学形式。胡峄阳传说最初以民间文学中的口头文学呈现，后来衍生出笔记、戏曲、音乐、曲艺和歌谣等形式。

　　清代《即墨县志》载，胡峄阳"生有异禀，精研《周易》"。传说他上知天文，下知地理，流传了许多神奇故事，尤其是对青岛崂山一带地理气象的研究，得出"大歉不歉，大乱不乱，千难万难，不离崂山"的喻世名言。其他如预测洪水、分身法助农种豆以及诲人化世、优化物类等等传说，越传越多，越传越神，数百年间不曾衰减。

　　胡峄阳传说以口头文学传播的同时，历代史家将流传于口头的述说记载于文史志乘。清代即墨人杜怡亭，在其所著《谭略》一书中，记载胡峄阳晚年预测，在自己辞世后，其孙胡垫先会遭狐祟，请百福庵道长援手相救的传说；胶南人苏潜修在《灵山卫志》中记载了三国时人徐庶问候胡峄阳的传说，其他如清代《莱州府志》《即墨县志》及后来的许多志书均对胡峄阳及其传说进行记载。这些记载，成为了胡峄阳传说口头文学的文字载体，使得口头文学拓展了传播渠道。2011年、2018年胡峄阳文化园将流传于各地的胡峄阳传说进行采集整理，出版《胡峄阳传说》和《胡峄阳传说·续辑》，共辑录传说192篇。

　　胡峄阳传说是一种活态的、运动中的口头文学形式，因时、因事、因地而发展演进，不断产生新的传说。一些传说虽与科学常识难于融洽，但经历者或讲述者皆以确凿事实般的口吻进行讲述。究其原因，主要是胡峄阳的人格魅力和思想精神已经深植于民众心中，以至成为了一种民间信仰，或痴迷或清醒，不由人说；二是随着胡峄阳传说被列入国家级非遗名录，人们自觉不自觉地将一些自然灾害的消弭引申到胡峄阳的法力作用，以应风尚。

　　总之，运动式的、活态的传承传播，是胡峄阳传说能够长盛不衰的原生动力。

　　胡峄阳传说的产生，也得益于城阳、崂山一带深厚的文化积淀和优越的地理环境。胡峄阳传说最早发生地为今城阳区流亭街道东流亭社区、洼里社区。流亭自古为人文繁盛之地。这一带周边有城子、西宅子头、半阡子等龙山文化遗址，冷家沙沟岳石文化遗址；商周以来则有霸王台、西窑顶、财贝沟等古遗址。流亭西南 6 千米处有汉武帝当年祭海建明堂和太乙仙人祠的女姑山；西北 3 千米有汉代不其城遗址；流亭附近的不其山（今铁骑山）下有汉代大儒郑玄旧时讲学的康成书院和祭祀东汉不其县令童恢的童公祠（今童真宫）；不其山南有胡峄阳读书处慧炬院和论道处百福庵。流亭域内及周边有唐代观音寺遗址以及历代所建的大明寺、静台庵、关帝庙、七神庙、八腊庙等遗址，还有明代民间宗教"罗教"创始人罗梦鸿（罗清）的故居及其传教经堂等遗址。深厚的文化积淀为后来胡峄阳传说的发生累积了深厚土壤。流亭自古以来是进出崂山的必经之地，其东部有"神仙窟宅"之称的百里崂山。流经流亭的白沙河两岸曾经有华阳书院、下书院、上书院、崂山书院、青峪书院、北投书院、玉蕊楼、镜缘楼、太古堂等书院塾馆。这些书院、塾馆中汇集了各地的硕儒大贤在此课徒授学，为胡峄阳传说的产生发展和形成文字传播提供了有利条件。另外，形成于明代的流亭市集是胶东地区著名的大集市之一，附近的女姑口是千年古码头，有海路与胶东半岛及大连、营口和江浙沿海口岸相连；流亭一带自古以来便是商贸繁荣、人流汇集、信息畅通之地；近代流亭则是出入青岛市区的主要陆路通道，是进出崂山的重要路径，也是连接青岛地区主要商埠市镇的枢纽和货物集散地。以上便利条件，使得胡峄阳传说能够持续地在青岛乃至更大范围内得以活态形式进行广泛传播。

　　胡峄阳传说发展至今，其基本内容可概括为以下九个方面：帮穷扶贫，济世救人，如"胡峄阳救渔民""神力避蝗灾"等篇；优化物产，造福百姓，如"仙胎鱼的来历"等；扶正祛邪，劝人向善，如"胡峄阳劝架"等；显灵济世，逢险化夷，如"胡峄阳杖打土匪头儿"等篇；惩恶扬善，匡扶正义，如"胡峄阳智惩恶少"等；诲人不倦，教书育人，如"胡峄阳施教""即墨设塾"等；生有异禀，吉人天相，如"神仙路的来历""隐身术"等；足智多谋，能谋善断，如"豆秸与金钗""智断命案"等；先知先觉，料事如神，如"千难万难不离崂山""快搬快搬"等传说。

　　胡峄阳传说具有显著的地域文化特征。胡峄阳传说是清代以来主要流行于胶东半岛一带的民间传说，属于寓传说于崇拜之中的神圣叙事。胡峄阳传说具有人神演化特征。其传说源自社会底层民众对于胡峄阳的由衷崇拜，胡峄阳最终能成为一方的保护神，是由"人"到"神"不断加工丰富演进的结果。社会底层民众的信仰和选择，在"造神"过程中起到了决定性作用。胡峄阳传说具有显著的口头文学特征。300多年来，胡峄阳传说与信仰代代相传，形成的独特的民俗文化，具有朴素的"真实性"，讲述者不是在讲故事，而是在讲"真人事迹"一般，听者不是在听神话传说，而是在听"真事"。另外，具有明显的崇智扬善特征。一介布衣的乡邦学者胡峄阳，是中国传统知识分子代表性人物之一，从有关他的众多传说中表现出了忧国忧民，抑恶扬善、利众惠民等等价值取向，是优秀传统文化的一个支撑点位。

胡峄阳作为一位乡间学人和塾师，在一方区域数百年传承，形成了一种独特的地域文化现象，是优秀传统文化的个体再现，具有重要的文化价值、社会价值和研究价值。以胡峄阳传说为代表的民间传说可从一个侧面折射该区域独特的人文精神、审美特点、价值取向和民风民俗，文化价值明显。

胡峄阳传说从发生到传播的300多年间，虽历经朝代更替、社会变迁等影响，但传承不息，深入人心，得到广大民众的普遍认同，其爱国护民、和睦乡里、教化民众、凝聚民心、扬善抑恶、不畏艰难、勇于进取等等内容，展现了积极向上的社会价值。

胡峄阳从布衣学者成为地方保护神，经历了由"人"到"神"不断演进完善的过程。这期间民间传说与信仰之间相互作用，呈现出宗族纵向"线"与地域"面"相融合的发展态势，这对深入研究民间传说与信仰的相互关系有很高价值。

自1989年起，东流亭社区即有人收集整理出版胡峄阳传说资料。2005年开始举办培训班，培训各地的传承和传讲人员，续修《胡氏族谱》，建设峄阳文化园，实施胡峄阳传说进校园活动。根据胡峄阳生平和传说编创的《胡影寻父》《胡峄阳求学》《胡峄阳救即墨城》等戏剧已演出630余场次。挖掘整理"峄阳古曲"，已整理出11支曲子，搬上舞台或制作音视频在网络媒体传播。东流亭胡峄阳文化园每周三举办"峄阳文化大讲堂"活动。每年农历六月初六至初八日举办胡峄阳诞辰纪念活动。2022年农历六月初六日举办"城阳区首届非遗文化节暨胡峄阳文化节"。2023年农历六月初六举办"青岛市非遗文化节暨城阳流亭胡峄阳文化节"。每年正月十五、二月二、清明、端午、重阳等节日举办传统民俗礼仪活动。通过这些活动，唤起了人们不忘乡愁记忆、守护精神家园、提高文化自信的热情。

非遗在社区

东流亭社区以国家级非遗"胡峄阳传说"项目为引领，深入挖掘整理与胡峄阳和胡峄阳传说相关联的非遗资料及其他非遗资源，进行非遗申报，积极推进"非遗在社区"活动，使本来生发于居民之中的非遗资源，融入当今乡村文化建设，同时也营造了城镇化建设过程中非遗传承发展的良好生态。目前，东流亭社区有国家级非遗1项，青岛市级1项，城阳区级6项；有国家级代表性传承人1人，青岛市级1人，城阳区级6人。

"胡峄阳传说"项目，以东流亭社区为中心产生和发展。300多年来，胡峄阳以道德楷模的形象存活在居民心中。东流亭社区顺应居民对传统文化的执着热爱情感，贯彻落实党和国家关于非物质文化遗产保护工作的相关要求，在城镇化建设中努力营造非遗传承发展的良好生态。

一、以居民为主体，营造居民的参与感和归属感

胡峄阳的品格及其传说，是社区居民的恒久记忆。社区针对大多居民只知其事，而未知究竟的状况，从史料史实入手，分别于2011年、2021年两次纂修社区志，溯过往，记现时，对历代功业贤良人物依史料进行记录，将居民在社区发展中的经历和业绩载入史志；东流亭以胡姓为主体，于2008年、2023年两次续修《胡氏族谱》及其他姓氏族谱，通过谱书，使居民知道自己所出，使今人领略先贤事迹，居民感觉到：我们今人学习圣贤，圣贤就是自己的前辈，就是自己的乡邻，就近而学，接踵而行，景行于先贤，启迪于后昆，更加激发起传承保护的参与感和主人翁精神。

旧时逢年过节、幼儿入学，居民搬出胡峄阳所著家训读物《竹庐家聒》，

围坐炕头，教子诵读，习以为常。由于社会变革，1964年后胡峄阳的书籍已少见。社区因应居民习惯需求，于2009年编印《竹庐家聒》资料本，2011年由上海古籍出版社出版，分发给居民及邻村居民，居民捧读先贤书籍，顿生霜露之感，乡邦情怀油然而生。《竹庐家聒》一书，将儿童读书、守法、守正等内容编为歌谣，通俗易懂，易于传唱。社区与流亭小学将该书内容新编为《峄阳家训》《峄阳文晖》，分发到中小学和幼儿园，使儿童自小知圣贤事，做正直人，学生将所学带回家中，与家长老人同声而诵，共为戒励，凝练庄敬诚正之心。

二、整合社区非遗资源，使非遗乐于居民、惠于居民

东流亭社区完善非遗在地化功能，将社区现有的10个非遗项目有机结合，相融发展。

胡峄阳作为一位布衣学者，在诗词、音乐诸多方面均有造诣。他留传下了10余首音乐曲谱。社区依据这些曲谱，结合区级非遗"古法筝篌演奏技艺"与国家级项目"胡峄阳传说"紧密融合，组织居民演奏传唱。自2014年开始举办的"峄阳文化大讲堂"，讲课前先演奏演唱峄阳古曲。大讲堂采取居民讲、居民听、居民教、居民唱的灵活方式，演讲者动其情，听者谐其音，唱者和其声，似细雨润物，使教化沉潜于无形之中。2014年至今，峄阳文化大讲堂已宣讲360多次，授众累计3万余人次。

将胡峄阳的行状传说编创为戏剧，以国家级非遗"柳腔"呈现于居民面前，已演遍了城阳区200多个村庄社区，在青岛各区市均有演出，2011年至今已演出480余场次，观众累计18万多人次。

胡峄阳居住于白沙河北之"柳溪"岸畔。白沙河传说的许多内容与胡峄阳及其传说相关联。社区组织人员编创《弯弯的白沙河》《快乐的莲花湾》等剧、曲目，讲身边历史，演身边人物。结合区级非遗"流亭千手佛庙山会"项目，编演《流亭赶山》《流亭观灯》等剧目，赏遍流亭美景，唱响家乡风物，居民喜爱，大众乐见。由此，"胡峄阳传说唱响柳腔舞台"荣获青岛市非遗保护亮点工作证书；东流亭社区荣获青岛市非遗保护特色社区证书。

东流亭社区的10个非遗项目中,有4个是食品类项目。这些项目产生自居民的先辈,发展于当今时代,通过非遗在社区中的保护,都发展成为了具有相当规模的食品企业。其中,2家企业吸纳居民和域外就业人员百余人,2家50余人,解决低收入和残疾人就业18人。企业发挥"非遗"作用,拓展销路,引导消费,"美联升花饽饽传统制作技艺"项目的保护单位青岛美联升食品有限公司,在天猫、淘宝等网络平台经常占据同行业销售榜单项或综合一、二名,社区召集4家食品类非遗企业互相学习交流,加入"峄阳竹庐非遗工坊""非遗街区",纷纷通过网络平台直销非遗产品,均获得不俗业绩。

三、节会联动,构建社区"非遗"文化品牌

在开展"非遗在社区"活动中,东流亭举办了一系列节庆活动,恢复传统节日礼俗。一年中有"二月二,龙抬头,打谷囤,炒糖豆""清明节敬贤复礼桑梓情深""端午节粽香蜜甜""九九重阳德润乡邦孝道礼俗"等等活动。在这些活动中,居民带领孩子们依照传统风俗,架锅灶、拉风箱、燃柴火,烘、包、煮糖豆、粽子、饽花、馒头、鸡蛋等等,现场制作,装锅出锅,香气四溢,其乐融融。

自2013年起,每年的农历六月初六胡峄阳诞辰纪念日,社区居民万人空巷,青岛各区市及外地居民也接踵而至,参加纪念活动。活动时间3天,主要内容有:1.祈福大会,千余人参会;2.青岛峄阳非遗大集,每届参会非遗项目60~90个;3.琴棋书画、茶艺演示;4.专场演出,大戏连演3天;5.千人午筵,所有参会人员食用由社区非遗项目单位捐赠的3日午餐。

2022年农历六月初六日,由城阳区委宣传部、文旅局、流亭街道、东流亭社区举办"城阳区首届非遗文化节暨胡峄阳文化节",来自各地的非遗项目70余家,顾客游客穿行于非遗街区,现蒸热卖,交易活跃,3天交易量达400余万元。社区居民志愿参加节会服务的引导、续水、卫生、搬运、值班等等工作,使非遗商户满意,顾客游客暖心。参会人员达4万余人次。

四、赓续创新,传承人起到关键作用

东流亭"非遗在社区"活动,由各非遗项目传承人组织实施,传承人既

负责各自项目，又通力合作，推动非遗在社区工作的蓬勃发展。国家级传承人胡孝华，总领非遗在社区工作，与各项目传承人分头开展工作。

胡孝华认真了解总结胡峄阳及其传说在居民心目中的深厚情感，自2011年起，将胡峄阳诞辰纪念活动由传统的拈香叩拜，转化提升为献祭、宣读祭文、经典诵读、升平乐舞等与新时代精神相谐和的纪念活动，突破了单纯家族祭祀的圈子，既保留了传统祭仪中可汲取的内容，又加入了适应时代风貌的社会礼俗，为社会各阶层尤其是年轻一代所认可和接受。同期举办的"青岛峄阳非遗大集"，与农历初六流亭大集时间相合，非遗大集融入流亭大集，流亭大集助推非遗大集，互相促进，蔚成风气。

胡峄阳家族在青岛域内有20余个聚居的村庄社区。胡孝华在各村庄社区设立传承宣讲小组，各小组组织居民进行宣讲活动。区域传承是传承传播的又一链条，胡孝华与周边社区村庄联合，每年举办2~4次集中宣讲和传承人学习班，邀请各社区居民参加胡峄阳诞辰纪念活动。区级项目"峄阳古曲"，紧密关联于"胡峄阳传说"，胡孝华聘请专业和业余人员组成搜集、整理和创作班子，一起研究曲目，拍摄音视频，在舞台或网络播放传播。在峄阳文化大讲堂、进校园等活动中，胡孝华和其他传承人亲历亲为，带领居民投身于非遗在社区的活动实践。2022年，胡孝华被评为全国"非遗"模范传承人。8位代表性传承人来自社区居民，融入社区居民，提高了居民的主动自愿参与和积极保护意识。

区级项目"秋临焖肉传统制作技艺"项目的代表性传承人栾玉玲，与其他食品类非遗传承人一起，积极吸纳低收入人员和残疾人就业，每年老人节及重大活动为社区老年居民捐赠食品礼盒和花饽饽、大馒头、大豆腐等等礼品，居民品尝非遗美食，感受非遗魅力，领略非遗在社区的在地感和亲和力。4家非遗美食企业每年捐赠食品折价20余万元。

东流亭通过"非遗在社区"活动，顺应社区居民意愿，升华活动内容，创新活动形式，充分发挥各级传承人作用，在一些方面做了有益的探索和实践。在党和国家"非遗在社区"号召指引下，在各级政府的正确领导下，通过社区和非遗项目单位、代表性传承人的努力工作，强化居民主体地位，使"非遗在社区"活动有条不紊深入扎实地开展和发展。

2013年6月，东流亭社区荣获"青岛市非物质文化遗产保护特色社区"荣誉证书。

2013年6月，东流亭"'胡峄阳传说'唱响柳腔舞台"荣获2012年度青岛市非物质文化遗产保护工作亮点事项荣誉证书。

2014年11月，"胡峄阳传说"列入国家级非物质文化遗产代表性项目名录。

2016年12月31日，中央电视台科学教育频道播出大型专题片《崂山传奇》，下部以胡峄阳"千难万难，不离崂山"开篇，介绍胡峄阳对青岛崂山地理气象的研究成果，展现胡峄阳的"仙哲"气象。

2017年6月，胡峄阳第十世孙、东流亭社区党总支书记兼居委会主任胡孝华被认定为国家级代表性传承人。

2017年12月，"胡峄阳传说"被认定为青岛文化符号。

2021年10月，东流亭社区荣获"山东省文化生态名村"称号。

2022年11月，东流亭社区荣获200个"全国非遗与旅游融合发展优选项目"之一。

2022年，胡孝华荣获"全国模范传承人"荣誉称号。同年，东流亭社区荣获"青岛市非遗保护示范社区"牌匾。

后 记

编辑出版《胡峄阳文化研究》一书，是东流亭社区胡峄阳文化园多年来的构想。深入挖掘研究胡峄阳的文化思想、生平事迹和传说故事，是我们的重要任务之一。多年来，各地专家学者和各界研究人员撰写了大量研究文章，取得了丰硕成果。将一个时期的研究成果结集出版，为日后的研究者提供参考，开阔视野，探寻研究路径，是必要和有益的。

编辑出版学术性书籍，是一项十分严谨精细的工作。囿于时间、水平及缺乏经验等原因，书中难免存在瑕疵，祈望读者批评指正。同时，也祈盼有更多的人来关注和参与胡峄阳文化思想的研究，使这份珍贵的文化遗产复古呈新。

编 者
2024 年 10 月